Introduction

Le respect de la vie privée constitue un débat relativement ancien en philosophie, remontant au siècle des Lumières avec l'idée d'émancipation de l'individu face à la société. De son côté, le questionnement économique, beaucoup plus récent, apparaît avec l'exploitation des données personnelles (DP) permise par le développement de l'informatique puis de la télématique. Un certain nombre de travaux d'économistes aux États-Unis, notamment de l'école de Chicago, ont ainsi été publiés à partir des années 1970 pour discuter le bien-fondé économique de la protection légale de la vie privée (*privacy*).

Avec le développement des réseaux numériques fixes et mobiles, ce débat est sorti du milieu des experts et du champ académique pour se faire connaître du grand public et devenir un enjeu sociétal dans le contexte de l'économie numérique. Les technologies de l'information et de la communication (TIC) ont permis en effet de réduire considérablement les coûts de collecte, de stockage et de traitement des DP. La collecte prend des formes très variées allant des données de consultation de pages Web à la géolocalisation par le téléphone portable. La numérisation de ces informations permet la constitution de bases de données et leur traitement automatisé à des fins très différentes : maintien de l'ordre public, personnalisation de services marchands ou non marchands, profilage des consommateurs ou des candidats à un emploi, contrôle des activités politiques et syndicales des individus, appel à la délation, contrôle des migrants et des voyageurs, services de mobilité, prospection commerciale, *spamming*, escroquerie en ligne et autres utilisations malveillantes. Par sa diversité et son impact social, l'exploitation des DP donne lieu à un vaste débat public mêlant craintes, espoirs et spéculations de toutes sortes.

Les partisans de la libre exploitation des DP s'opposent ainsi aux défenseurs du respect à tout prix de la vie privée. Les premiers soulignent les bienfaits des modèles économiques fondés sur l'utilisation de DP qui concourraient à la croissance économique et au bien-être social : personnalisation de l'offre, marketing mieux ciblé, services de mobilité, meilleurs ajustements sur les marchés de biens de consommation, mais également du travail, de l'assurance, du crédit, des services matrimoniaux, etc. Les seconds dénoncent les risques d'intrusion dans la vie privée et de menaces des libertés individuelles, les DP pouvant être exploitées à d'autres fins que le bien-être des individus. Ils estiment ainsi qu'Internet, la biométrie, la géolocalisation ou encore les puces RFID menacent nos vies privées à un niveau jamais atteint jusqu'à présent : surveillance, invasion de l'espace intime, etc.

Cet ouvrage a pour ambition d'éclairer ce débat actuel obscurci par des enjeux industriels et partisans. Il fait pour cela un état des lieux de la réflexion sur les conséquences économiques de l'utilisation des DP sur la vie privée et le bien-être des individus. Comme son titre l'indique, cet ouvrage opère une distinction entre, d'une part, l'économie des DP — leur exploitation et les modèles économiques en découlant — et, d'autre part, l'économie de la vie privée — l'analyse des externalités négatives créées par l'exploitation des DP et des mécanismes mis en œuvre pour les corriger. Ces deux aspects sont traités conjointement car ils apparaissent clairement interdépendants : si, d'un côté, la viabilité des modèles d'affaires dépend de l'acceptabilité sociale de l'exploitation des DP et des méthodes de protection de la vie privée, de l'autre, le traitement des externalités négatives et l'évaluation des solutions institutionnelles ne peuvent faire l'impasse sur les opportunités offertes par l'utilisation des DP. Notre objectif n'est donc pas de fournir une analyse technico-économique sur les modes de valorisation des DP ou sur les techniques de protection mais plus fondamentalement de nous interroger sur la manière dont les théories économiques traitent la question de la vie privée, en particulier face à l'avènement d'une économie numérique.

L'ouvrage est divisé en cinq chapitres. Le premier propose de caractériser les notions de vie privée et de DP. Définir la vie privée est une question délicate et souvent sacrifiée par la littérature économique, car elle apparaît comme une notion à géométrie variable, dépendant notamment de la conception et du comportement de chacun. Quant aux DP, nous proposons de caractériser les types d'informations, ainsi que les modes de collecte, d'exploitation et de protection de ces ressources.

Le chapitre II se penche sur les justifications données dans une démarche pluridisciplinaire *via* les apports de la philosophie politique, de la psychologie sociale et du droit et visant à situer le débat en économie lancé par les tenants de l'école de Chicago.

Le chapitre III traite des modes d'exploitation des DP et de leurs conséquences en matière de bien-être social, en particulier certaines externalités négatives imposant des coûts aux individus : attention, tri des e-mails non sollicités, moindre quiétude, exclusion de certains marchés... par rapport à une situation où la collecte des DP ne serait pas possible. Après avoir souligné la nature particulière de ces biens informationnels, nous distinguons les types d'exploitations selon la nature des externalités qu'elles engendrent. En particulier, nous analysons la prospection commerciale non sollicitée, les stratégies de discrimination par les prix et la personnalisation de l'offre.

Le chapitre IV essaie de comprendre à quelle forme de rationalité obéissent les comportements de vie privée. Deux aspects complémentaires sont abordés. D'une part, l'autonomie d'un individu peut s'appréhender par le choix de caractéristiques personnelles, qu'il décide ou non d'afficher publiquement en fonction de la pression exercée par les autres. C'est la question de l'identité individuelle et sociale. D'autre part, les mêmes individus tendent à divulguer de nombreux éléments intimes contre une gratification bien souvent symbolique, alors même qu'ils sont conscients des risques inhérents et ont accès à des technologies protectrices la plupart du temps gratuites. Il s'agit du paradoxe de la surexposition de soi que les théories comportementalistes permettent de lever en partie.

Enfin, le chapitre V passe en revue les solutions institutionnelles visant à réguler la vie privée face à la banalisation des TIC et de leurs usages. Il s'agit d'analyser les avantages et les inconvénients des modes de régulation existants — les normes réglementaires, l'autorégulation... — mais également d'une solution très discutée : l'octroi de droits de propriété aux individus sur leurs DP. Nous montrons notamment toute l'importance des normes réglementaires pour protéger la vie privée.

I / Définition : vie privée et données personnelles

« La vérité d'un homme, c'est d'abord ce qu'il cache. »

André Malraux, *Antimémoires*.

La théorie économique considère les données personnelles (DP) comme des biens particuliers, des ressources immatérielles dont l'exploitation affecte la vie privée. Si la définition des DP s'appuie sur des bases techniques et juridiques, la vie privée, quant à elle, semble être une notion à géométrie variable qui dépend en particulier de sa représentation par les individus eux-mêmes.

La vie privée, une notion à géométrie humaine variable

La vie privée est souvent invoquée au quotidien ou lors de débats politiques sous la forme de simples injonctions, souvent viscérales : « Il faut respecter la vie privée des gens » ; « Internet menace la vie privée » ; « Ne te mêle pas de mes affaires ! » ; « Je suis libre de faire ce que je veux chez moi ! » ; « Je fais ce qu'il me plaît de ma vie ! » Ces expressions recourent toutes à une notion difficile à saisir. Les risques de violation de la vie privée sont ainsi souvent ressentis avec force mais, au fond, ils demeurent bien souvent imprécis et incertains.

Qui plus est, le contenu de la vie privée varie en fonction des périodes et des pays, mais également de la personne : personnalité publique, prisonnier, personne handicapée, citoyen « ordinaire »..., de ses perceptions et stratégies individuelles, de sa soumission aux lois et coutumes, de son éducation, etc. Ce qui relèvera de l'ordre public, des « bonnes mœurs », des normes sociales jugées légitimes peut changer d'une époque ou d'un pays à l'autre élargissant ou rétrécissant l'étendue de la vie privée (*cf.* l'ouvrage de référence d'Ariès et Duby [1985]*).

En France, ce flou définitionnel se retrouve dans l'article 9 du code civil qui stipule la nécessité de protéger la vie privée sans en définir ni le contenu ni les contours, s'en remettant pour cela à la jurisprudence. Cela rend de ce fait parfois difficiles la mise en place de réglementations adaptées et la résolution de conflits juridiques.

Cette imprécision tient notamment aux statuts mêmes de cette notion qui peut désigner alternativement une revendication de la part des individus ou de la société civile, une situation de fait, une forme de contrôle, un droit garanti légalement ou encore une valeur morale en soi. Elle renvoie également à des dimensions différentes : informations personnelles, accès physique et virtuel, identité et autonomie individuelles [Gavison, 1980]. Faute de précisions quant à ces différents niveaux, les débats sont parfois confus et improductifs.

Trois dimensions principales : le secret, la quiétude et l'autonomie

La notion de vie privée trouve ses origines dans la distinction classique introduite par Aristote [1966] entre la sphère publique (l'activité politique, la cité) et la sphère privée (la vie familiale et l'activité domestique). Cette distinction sera reprise par John Locke [1690] et John Stuart Mill [1859], pour qui la sphère privée est le domaine de l'autogouvernement opposé au gouvernement par l'État qui s'impose dans la sphère publique.

Pour autant, la notion même de vie privée est beaucoup plus récente dans l'histoire des sociétés occidentales. L'article de deux juristes états-uniens, Samuel Warren et Louis Brandeis, intitulé « The right to privacy » et publié en 1890 dans la *Harvard Law Review*, est communément considéré comme son acte de naissance. Depuis lors, la littérature a fait émerger trois dimensions qui apparaissent transversales et utiles à la compréhension de l'analyse économique de la vie privée : le secret, la quiétude et l'autonomie. La vie privée, conçue tant comme une capacité

* Les références entre crochets renvoient à la bibliographie en fin d'ouvrage.

individuelle que comme la situation qui en résulte, ou encore comme une protection légale, recoupe ces dimensions.

Le secret. — Nombre d'études se confinent à la dimension du secret en se référant à la définition donnée par Warren et Brandeis et précisée par Westin [1967], selon qui la vie privée est la « capacité d'un individu à contrôler la collecte et l'utilisation de ses informations personnelles ». Un individu est ainsi plus ou moins capable de tenir secrets certains aspects de sa vie privée et de contrôler leur divulgation, en particulier auprès des tiers avec lesquels il interagit ou qui ont une influence quelconque sur son existence et son bien-être.

Les économistes de Chicago [Posner, 1978a] reprennent cette dimension informationnelle en lui ajoutant une coloration de suspicion : la vie privée serait avant tout un comportement des individus visant à dissimuler leurs DP, à la manière d'un commerçant cachant les défauts de ses marchandises. Sur un plan légal, elle serait un droit à conserver secrètes ses DP, notamment lorsqu'elles sont préjudiciables aux intérêts d'autrui. Ses effets économiques, nous le verrons plus loin, ne sont abordés que sous cet angle restrictif et suspicieux.

D'autres auteurs retiennent également la dimension du secret mais dans une perspective plus positive, en l'associant à l'idée de liberté individuelle : « L'essence de la vie privée est ni plus (et certainement) ni moins que la liberté pour un individu de choisir pour lui-même le temps et les circonstances sous lesquels, et plus fondamentalement, la mesure dans laquelle ses attitudes, croyances, comportements et opinions doivent être partagés avec ou cachés des autres » [Ruebhausen et Brim, 1965].

La tranquillité. — La vie privée peut également évoquer la possibilité de ne pas être perturbé dans son quotidien. Pouvoir se ménager une zone de quiétude en s'isolant de la société, ne pas être ennuyé par les sollicitudes et l'intrusion des autres constituent une source de bien-être pour les individus. Inversement, le fait d'être perturbé par une intrusion inattendue, de recevoir des informations non sollicitées, d'être harcelé ou interrompu dans son activité, dans son espace intime ou à travers un outil de communication personnel provoque un désagrément.

Cette dimension, plus consensuelle, diffère du secret : elle n'implique pas forcément la volonté de dissimuler des aspects de sa vie privée. En revanche, elle nécessite un certain contrôle sur l'accessibilité à soi, incluant la recherche de l'oubli, de telle sorte que nul ne puisse utiliser des informations privées d'une personne pour interférer avec sa tranquillité. Warren et Brandeis [1890] définissent ainsi la vie privée comme un « droit à être laissé seul ».

De manière similaire, le juriste Jean Rivero définit la vie privée comme la « zone d'intimité » propre à chacun, « une sphère de chaque existence dans laquelle nul ne peut s'immiscer sans y être convié » [cité par Beignier, 1995, p. 67]. Elle définit une zone de liberté face à l'intrusion des autres et de l'État. Notons ici que la vie privée dépasse le seul cadre de l'espace territorial privé (le domicile, le foyer) pour inclure l'angle relationnel (la correspondance, les rencontres, par exemple) et communicationnel (la presse, les informations sur soi transmises par d'autres...).

Bok [1982] approfondit ces deux premières dimensions en distinguant plus finement trois niveaux de vie privée conçue comme la capacité à se prémunir contre tout accès à son « domaine » privé : 1) la vie privée physique (*physical seclusion*) : la capacité à être séparé de la compagnie des autres ; 2) la vie privée informationnelle (*information privacy*) : ne pas être soumis à l'observation d'autrui ; 3) la vie privée au niveau de l'attention (*attentional privacy*) : ne pas être gêné par les sollicitations, en particulier pour des motifs commerciaux.

Pour préserver la vie privée définie de la sorte, il existe une diversité de techniques : rideaux à la fenêtre, serrure, logiciel anti-*spamming*... Toutefois, des technologies d'observation indirecte ont eu tendance à se multiplier au cours de l'histoire récente, menaçant de façon croissante la vie privée. La proximité physique n'est plus nécessaire pour observer les individus, mais, au contraire, l'ubiquité des postes d'observation permet la collecte d'informations, l'interception des communications, l'enregistrement des traces d'usage et de mobilité, etc. L'écoute s'est ainsi déplacée de « derrière la porte » à « derrière son poste ».

L'autonomie individuelle. — La vie privée est souvent confinée à la dimension du secret. Cette assimilation hâtive entre privé et secret découle des deux oppositions public/privé et public/secret. Or le secret renvoie à des actes et des activités distincts de la vie privée tels que le secret industriel ou le secret défense. Qui plus est, le privé peut également être le particulier, ce qui n'appartient qu'à un individu, ce qui le singularise et qu'il maîtrise par rapport aux autres, sans nécessairement être tenu secret. La vie privée peut ainsi se concevoir à travers l'affichage public, voire l'imposition aux autres, de son identité, de ses opinions et de sa manière de vivre.

En plus du contrôle de l'information sur soi, la Cour suprême aux États-Unis admet ainsi l'aptitude de chacun à prendre certains types de décisions importantes comme une dimension supplémentaire de la vie privée. En France, la libre disposition de soi est un droit reconnu bien que distinct du droit au respect de la vie privée. De ce point de vue, elle réfère à une zone particulièrement complexe à délimiter et à gérer. Un individu peut certes décider de son propre chef dans quelles circonstances il affirme ouvertement certains aspects de sa vie privée ou, au contraire, les dissimule aux regards des autres. Pour d'autres aspects, il subit des contraintes sociales associées aux normes, aux coutumes, aux pressions de l'entourage, aux procédures organisationnelles et à la loi. En effet, comme le note pertinemment Demeulenaere [2002], le « particulier tend à être opposé de manière négative au général, et peut ainsi être soupçonné de représenter un écart par rapport à lui » (*cf.* chapitre IV).

L'économiste Hischleifer [1980] considère alors la vie privée comme le « désir humain [...] d'indépendance par rapport au contrôle des autres [...], de contrôler sa propre personne et son propre temps ». Un individu peut être plus ou moins affecté par les tentatives de surveillance et de contrôle exercées par les autres et donc attribuer une valeur importante au pouvoir de décision sur sa propre vie, son identité, ses préférences, ses valeurs et le choix de ses activités. Elle constitue l'aptitude à prendre des décisions importantes afin de développer une expression de soi et des relations intimes variées. Cette dimension constituerait ainsi le fondement même de l'organisation des sociétés « modernes » et du libéralisme politique. Pour cette même raison, d'autres auteurs comme Epstein [1980] ou Posner [1981] écartent cette troisième dimension qui dépasserait le cadre de la vie privée pour relever de droits plus fondamentaux comme la liberté d'expression, l'intégrité physique, l'interdiction de la diffamation ou l'inviolabilité de la propriété privée (*cf.* chapitre II).

L'autonomie individuelle en philosophie politique

Selon Feinberg [1989], la notion d'autonomie individuelle (AI) a quatre significations : la capacité à se gouverner soi-même, les conditions effectives de cette capacité, un idéal de la personne et un ensemble de droits exprimant la souveraineté de chacun sur sa propre personne. L'AI se construit selon des raisons et des motivations définies ou choisies authentiquement par soi, indépendamment de la manipulation ou de la contrainte exercées par les autres (proches, relations de travail, médias, chefs religieux, État...), de sa place dans les structures sociales, des institutions politiques et de toute contingence culturelle, sociale et historique. Concept clé du libéralisme politique, l'AI se fonde sur la tradition ouverte par l'idée de contrat social et de souveraineté populaire. John Stuart Mill [1859] estimait ainsi que l'exercice par l'État d'un pouvoir sur les individus contre leur volonté ne se justifie que s'il empêche les préjudices causés à autrui. L'AI est au cœur des notions de responsabilité morale et d'éducation libérale visant à faire des individus des personnes autonomes, aptes à réfléchir de manière critique, d'agir rationnellement à partir de désirs, de valeurs et de compétences propres et un contrôle de soi.

L'AI se distingue de l'autonomie morale. Elle ne se limite pas à la question des obligations morales que, dans une perspective kantienne, l'individu s'impose délibérément lui-même et qui guident ses décisions, à savoir la capacité réflexive et critique à s'imposer des règles de vie morale fondée sur une évaluation indépendante de ces règles. La raison pratique — la capacité à utiliser la raison pour choisir nos propres actions — présuppose ainsi que les individus s'estiment eux-mêmes libres. Cette loi morale est ici conçue comme universelle, n'étant dictée ni par nos sens, ni par nos désirs, ni par aucun aspect spécifique à notre situation particulière. Être autonome implique donc que nous soyons capables d'avoir confiance dans nos capacités de prise de décision de façon à être responsables de nos choix et actes. De même que nous nous devons un respect moral en vertu de notre autonomie, nous devons exprimer le même respect moral aux autres personnes.

L'AI est différente de la liberté individuelle, l'aptitude à agir sans contraintes externes ou internes et en bénéficiant de ressources et d'un pouvoir suffisants pour réaliser effectivement ses objectifs et ses désirs. L'AI, pour sa part, renvoie à l'indépendance et à l'authenticité des désirs, valeurs, émotions, etc. à l'origine de nos actions. Quelqu'un peut être libre d'arrêter de fumer (par exemple, avoir les moyens financiers de suivre un traitement pour cela), mais non autonome, soumis à cette addiction, au marketing ou à l'imitation de ses proches.

Enfin, l'AI se conçoit selon deux états : un état basique et un idéal. Le premier permet de déterminer si la personne est responsable de ses actes et de ses pensées (a-t-elle les capacités intellectuelles suffisantes ?), tandis que le second est un état à atteindre, dans lequel la personne est totalement indépendante des influences externes quant à ses désirs et donc pleinement apte à contrôler ses pensées et son comportement, à prendre des décisions parfaitement conformes à ses préférences. Cette distinction permet d'évaluer l'opportunité et les limites acceptables du contrôle social (paternalisme, oppression...).

Un bref historique des données personnelles

La surveillance des individus est une question aussi ancienne que les tentatives et les mesures des pouvoirs, publics ou privés, pour contrôler les personnes placées sous leur juridiction. Pendant très longtemps, ces activités recouraient à des moyens rudimentaires : le contrôle direct des corps, la surveillance panoptique [Bentham, 1787 ; Foucault, 1975], le contrôle des populations à travers les cartes, congés, certificats de santé et autres passeports intérieurs. La surveillance était le plus souvent organisée par la communauté (village, corporation...) à laquelle chacun appartenait.

Puis l'individu sort progressivement du regard des siens et rencontre l'anonymat. L'érosion progressive de la société communautaire sous la poussée d'un individualisme montant, d'une dépersonnalisation des relations sociales et du progrès continu de l'urbanisation et des moyens de transport accroissant la mobilité a nécessité la production de données sur les personnes afin d'organiser le contrôle des populations. Pour Napoléon, le livret ouvrier doit ainsi servir à « domestiquer le nomadisme des ouvriers ». Les individus ont donc été nommés (état civil établi sous la République en 1792), fichés (affectation d'un numéro d'identification) et comptés (recensement) pour des raisons qui ne tenaient pas directement à un objectif de surveillance mais qui pouvaient être utilisées comme tel. Les fichiers se sont multipliés : des fichiers militaires, policiers, professionnels ou fiscaux aux bases de données commerciales (listes d'abonnés...) et aux annuaires.

L'informatisation de ces fichiers dans les années 1970 a changé la donne en offrant des moyens efficaces de traiter les informations accumulées et de croiser les fichiers, donnant ainsi une valeur nouvelle aux informations. Déjà avant la numérisation, les machines à carte perforée permirent de faciliter l'identification des personnes. Or, si d'un côté elles améliorèrent les activités du recensement aux États-Unis, ces machines autorisèrent également un fichage de la population pour des objectifs plus sinistres. Ainsi, la société Dehomag (Deutsche Hollerith-Maschinen Gesellschaft), d'abord filiale d'IBM en Allemagne avant de devenir indépendante, permit entre autres d'identifier les Juifs durant les années 1930, ce qui facilita par la suite leur déportation dans les camps et l'organisation de ces mêmes camps.

En France, c'est l'« affaire Safari » révélée par *Le Monde* en mars 1974 — l'interconnexion des fichiers de l'administration par l'attribution d'un numéro unique à chaque individu —

Les données personnelles, une forme particulière de données individuelles

Le respect de la vie privée repose en partie sur la manière dont sont collectées et exploitées les DP par les entreprises, les administrations ou les individus eux-mêmes. Le développement et l'interconnexion des bases de données ont progressivement permis de rassembler, de classer et de relier entre elles un volume sans cesse qui déclencha une prise de conscience des risques que le traitement des DP faisait peser sur les libertés individuelles et la vie privée. Il s'ensuivit la loi du 6 janvier 1978 encadrant la collecte et l'exploitation des DP et instituant la Commission nationale de l'informatique et des libertés (CNIL). Dans les années 1970 et 1980, le débat d'opinion visait essentiellement le danger représenté par la capacité des États de croiser les fichiers administratifs comportant des informations sur les personnes.

L'utilisation de données commerciales donne lieu à davantage de débats à partir de l'avènement d'Internet qui devient, à travers sa diffusion massive, un instrument privilégié de captation et de valorisation des informations personnelles. Les vendeurs en ligne ont ainsi pu produire des DP sur leurs clients (identité, adresse...) qu'ils ne collectaient pas en magasin, sauf à travers les cartes de fidélité permettant de lier des tickets de caisse anonymes à des identités particulières. Les DP ne représentent plus seulement une valeur pour leur exploitation administrative, mais revêtent désormais un intérêt économique. Jusqu'à une période récente, les firmes exploitaient les DP qu'elles collectaient sur leurs clients sans prise de conscience ni opposition notables de ces derniers. Mais la revente des bases de données constituées comme les annuaires, puis le développement de nouvelles techniques de collecte et d'exploitation des DP sur Internet fortement intrusives donnent lieu à de vifs débats et réactions.

Outre les fraudes à la carte bancaire et le *spamming* qui sont explicitement coûteux pour leurs victimes, une affaire comme celle d'Amazon.com en septembre 2000 a montré que l'exploitation de DP pouvait également servir à discriminer par les prix en pénalisant les clients les plus fidèles [Streitfeld, 2000] (*cf.* chapitre III). Les « traces » laissées par l'individu, volontairement ou non, sur Internet peuvent révéler leurs informations subjectives (préférences, comportement, réseaux sociaux...) et, croisées avec leur identité civile ou virtuelle, acquièrent une valeur nettement plus grande que les seules données sociodémographiques objectives (âge, profession...). Ainsi, de nouveaux types d'exploitations des DP découlent du décloisonnement des « espaces privés » de l'individu (famille, amis, travail, associations...), à l'instar des employeurs consultant de plus en plus Internet pour vérifier le CV des postulants. Internet est ainsi devenu une caverne d'Ali Baba pour ceux, acteurs économiques ou institutionnels, qui en ont les sésames. La contrepartie en est le traçage des individus et l'intrusion croissante dans leur vie privée.

croissant d'informations sur les individus. L'article 2 de la loi « Informatique et libertés » désigne ces informations sous l'appellation « données à caractère personnel » et les définit comme « toute information relative à une personne physique identifiée ou qui peut être identifiée, directement ou indirectement, par référence à un numéro d'identification ou à un ou plusieurs éléments qui lui sont propres ».

Une classification des données personnelles

Les individus émettent, intentionnellement ou non, d'innombrables informations les concernant, eux ou leurs proches, que ce soient leurs caractéristiques objectives, subjectives ou comportementales. Ces données, une fois collectées et traitées, permettent potentiellement d'identifier et profiler des personnes, de relier certaines de leurs caractéristiques individuelles (âge, goûts...) à une donnée d'identification ou de contact (identité civile, numéro de téléphone, e-mail...), d'interagir avec elles selon des modes plus ou moins individualisés.

Il existe de nombreuses classifications possibles des DP. Nous en proposons une dans le tableau 1, reposant sur une distinction très générale entre données objectives et subjectives.

Ces informations sont « individuelles » car propres à chacun et donc susceptibles de distinguer quiconque au sein d'un groupe social donné. Elles demeurent toutefois anonymes si elles ne comportent pas, ni ne sont reliées ou associables à un identifiant permettant de remonter à l'identité personnelle. C'est *a priori* le cas des données collectées anonymement par sondage ou sur Internet. Elles deviennent « personnelles » le cas échéant, lorsqu'elles sont liées à une donnée d'identification (identité civile, identité numérique) ou de contact (adresse postale, numéro de téléphone, e-mail, blogs avec commentaires). Notons que l'identification et le contact peuvent être obtenus parfois par la combinaison de caractéristiques individuelles comme, par exemple, la profession (être notaire) et le code postal (une commune de moins de 5 000 habitants).

Les données anonymes présentent un intérêt pour une firme pour améliorer l'ergonomie de son site Web, adapter son offre à un marché précis, etc. Ainsi, certaines publicités contextualisées sur Internet se déclenchent en fonction du comportement de navigation de l'individu et ne nécessitent en rien de connaître son identité ou de pouvoir le contacter.

En revanche, le marketing ciblé, la discrimination par les prix, l'interactivité des services ou la mise en relation d'individus nécessitent de profiler, singulariser et contacter les individus. Si les *données de contact* permettent en soi de communiquer avec la personne sans forcément en connaître l'identité civile ou les caractéristiques individuelles (par exemple, une publicité non sollicitée), les *données d'identification* permettent, sans nécessiter de moyens de contact, d'agir sur le comportement de l'individu :

Tableau 1. **Une classification des informations individuelles**

Données objectives	
Données d'identification et de contact	Identité civile ; adresse postale ; numéro de téléphone ; numéro d'immatriculation d'un véhicule ; numéro du permis de conduire ; adresse électronique ; références bancaires ; numéro de carte bancaire ; numéro de Sécurité sociale ; pseudonyme sur Internet…
Données physiques et de signalement	Taille ; poids ; couleur et écart entre les yeux ; état de santé ; maladies contagieuses ; vaccins ; empreintes digitales ; photographie ; voix…
Données sociodémographiques	Date de naissance ; âge ; genre ; statut marital ; nombre d'enfants ; niveau d'études ; profession…
Données juridiques	Capacité juridique ; casier judiciaire ; amendes…
Donnés financières et foncières	Solde du compte bancaire ; crédits et dettes ; fréquence des impayés ; interdit bancaire ; allocations sociales ; pensions alimentaires versées/reçues ; propriété foncière ; hypothèques…
Données subjectives	
Préférences et centres d'intérêt	Orientation sexuelle ; préférences alimentaires, vestimentaires et culturelles ; destinations touristiques préférées…
Opinions et activités politiques, religieuses ou syndicales	Opinions politiques émises publiquement ; adhésion à un syndicat ; croyances intimes déclarées ou manifestées publiquement ; signature d'une pétition…
Données comportementales	Apparence ; élocution et style de langage ; types d'achat et établissements fréquentés ; pratiques et fréquences des loisirs ; consommation d'électricité ou d'eau ; utilisation d'un service public ; données de connexion et navigation sur Internet ; consommation de drogues (alcools, tabac, stupéfiants)…
Données géographiques	Lieux de retraits d'argent et de paiement par carte bancaire (péage…) ; bornes d'enregistrement par puces sans contact ; identification Bluetooth…
Données relationnelles	Taille du réseau social ; fréquence des rencontres ; nombre d'amis, de partenaires sexuels ; participation à un club ou à une association ; appels téléphoniques, e-mails, SMS reçus et envoyés quotidiennement…

lui interdire l'accès à un service, le dénoncer publiquement sur un forum, le noter…

Plusieurs caractéristiques des DP influencent leur exploitabilité et leur intérêt économiques, selon qu'elles sont :

— pérennes (date de naissance...) ou rapidement obsolètes (e-mails jetables, pseudos sur un réseau P2P...) ;

— collectées et exploitées légalement ou non : en Europe, le consentement de la personne est nécessaire et certaines données « sensibles » ne peuvent faire l'objet de traitements ;

— publiques ou privées : accessibles à quiconque ou sous conditions (faire partie d'un réseau social ou professionnel) ;

— construites à partir d'informations affichées par la personne ou dévoilées/déduites par des tiers (proches, entreprises, associations, État...) avec la collaboration de la personne (formulaires...) ou à son insu (écoute téléphonique, logiciel espion...), obtenues en l'état ou par recoupement.

La viabilité des modèles économiques, leur faisabilité industrielle ainsi que l'étendue et la pertinence des DP dépendent plus généralement de l'acceptabilité sociale des techniques de collecte et d'exploitation, de la réaction sur un plan juridique, médiatique, commercial ou politique des individus, etc. Ainsi, la personnalisation d'un message publicitaire peut heurter la personne ciblée et induire un rejet de sa part (*cf.* chapitre III).

Les modes de collecte et d'exploitation des données personnelles

Les modes de collecte et d'exploitation des DP se sont multipliés ces dernières années. Par exemple, le traçage des individus est aujourd'hui renforcé par la portabilité croissante de l'informatique (*pervasive computing*), la diffusion de puces dans un nombre croissant d'objets portables et connectables et potentiellement dans tous les objets avec puces radio. La personnalisation ne s'appuie plus seulement sur les préférences ou les réseaux que l'individu révèle en naviguant sur Internet mais aussi dans l'espace géographique, lors de sa navigation physique, par les contacts qu'il entretient avec des objets communicants mobiles.

La collecte et l'exploitation des DP se généralisent à tous les lieux et moments de l'existence individuelle. Depuis les années 1970 et 1980, où l'intrusion était essentiellement le fait — du moins dans l'opinion publique — d'administrations publiques s'appuyant sur des bases centralisées, la surveillance s'est nettement complexifiée avec la généralisation du processus de numérisation et d'interconnexion des bases de données. Le développement de nouvelles techniques d'identification et de traçage (biométrie, vidéosurveillance...) est favorisé à la fois sur un plan politique (contrôle des flux migratoires, discours sécuritaires, attentats du 11 Septembre, lutte contre le partage illégal de contenus...) et au niveau de l'évolution des pratiques sociales (exposition croissante de soi, *cf.* chapitre IV).

Les sources de collecte de DP se diversifient donc du côté des acteurs privés : aux collecteurs traditionnels comme les banques, les opérateurs télécoms ou les « VPCistes » s'adjoignent désormais la grande distribution (cartes de fidélité), les vendeurs en ligne, les agrégateurs et autres « infomédiaires » (Google, eBay...), les services de réseautage social (Facebook, Twitter...), les fournisseurs de services en ligne, les opérateurs mobiles, etc.

L'exploitation marchande (ou indirectement marchande) des DP est devenue aujourd'hui un élément clé de l'économie numérique. Elle en est l'une des sources majeures de financement à travers la publicité ciblée, le marketing viral et, probablement, les services géolocalisés. Restent à définir des modes d'exploitation fondés sur des modèles économiques viables, licites et socialement acceptés. Le tableau 2 présente quelques exemples et illustrations de techniques de collecte et d'exploitation de DP.

Prenons le cas du *data mining*. Les firmes, mais aussi les États, les organismes de santé publique, les services de renseignement, les associations explorent de plus en plus les masses de DP qu'ils détiennent sur leurs clients, citoyens, usagers, adhérents à travers l'application d'algorithmes d'analyse de données, de profilage et de recoupement afin d'établir des associations pertinentes entre des caractéristiques individuelles pour mettre en évidence des profils et prédire des comportements futurs. Il s'agit par exemple de calculer des liens probables entre des comportements différents : acheter de la bière et consommer des chips ; prendre des cours de pilotage, pratiquer une religion minoritaire dans un pays et commettre un acte terroriste... Les objectifs sont donc très différents : marketing personnalisé, lutte contre le terrorisme, détection de fraudes financières, etc.

Les entreprises et les administrations trouvent un intérêt croissant à sous-traiter l'analyse de leurs bases de données à des organismes spécialisés dans ces techniques ou à les croiser avec celles de partenaires (fournisseurs, distributeurs, autres États...) pour améliorer leurs activités respectives ou mettre en place des services communs.

Cependant, si elles se révèlent trop précises, ces techniques de croisement peuvent être contraires aux intérêts des partenaires : faire apparaître illégalement des données sensibles, transférer à l'autre partie certaines DP utilisables contre ses propres intérêts.

Tableau 2. **Exemples de techniques de collecte et d'exploitation de données personnelles**

Techniques de collecte	
Formulaires	– Formulaires d'abonnement à un service, à une revue, etc. – Données de transaction lors d'un achat en ligne (adresse de livraison, données bancaires, âge, genre, préférences, etc.)
Informations divulguées publiquement	– Blogs personnels – Pages sur un réseau social – *Lifelogging* (forme d'exhibition de soi)
Traces collectées à l'insu de la personne et tromperie	– Cookies, fichiers log de connexion à un site Internet – Données enregistrées et associées à un identifiant (sur des newsgroups, des forums…) – Géolocalisation – Logiciels espions, piratage de bases de données, de réseaux de collecte – Hameçonnage (*phishing*), lettres-chaînes…
Informations divulguées par des tiers	– Commentaires ou notations sur des réseaux sociaux, newsgroups… – Achat de bases de données auprès d'entreprises
Données obtenues par recoupement, autogénération, recherche automatisée, etc.	– DP obtenues *via* le fonctionnement de services en ligne (réseautage social) – Exemple des détails très précis de la vie privée de « Marc L. » (revue *Le Tigre*, nov.-déc. 2008)
Modes d'exploitation	
Exposition de soi, de sa vie privée	– Réseaux sociaux (les anciens copains…) – Blogs intimes
Recherche d'informations sur des tiers, surveillance, renseignement, notation	– Interrogation d'une base de données – Requête sur un moteur de recherche – Fichage par les administrations (police, assurance sociale…) ou par certaines entreprises (banques, assurances…)
Revente de DP	– Données marketing – Listes d'e-mails – Bases de numéros de cartes de crédit – *Data brokers* (ChoicePoint…)
Personnalisation de l'offre	– Gestion de la relation client – Services Web 2.0 – Discrimination par les prix – Conditions d'embauche – Polices d'assurance
Offre contextualisée	– Mise en relation de personnes en mobilité – Promotion de services à proximité et/ou à un moment précis du déplacement d'un individu
Exploitation marketing	– Envoi massif de messages non sollicités – Promotion personnalisée
Utilisations illégales ciblées	– Usurpation d'identité – Fraude bancaire – Extorsions, chantage…

De telles pratiques peuvent plus simplement, si elles sont médiatisées, provoquer des scandales et ruiner la réputation des organisations qui les pratiquent. Aux États-Unis, en 2004, un programme de profilage des passagers croisant des données de compagnies aériennes avec des données gouvernementales a ainsi été annulé. Visant à surmonter ces écueils, des techniques de *data mining* minimisant le risque de divulgation d'aspects sensibles de la vie privée ont alors été développées [Liu, 2006].

Les modes de protection des données personnelles

Tabatoni [2000] décrit la protection des DP comme un système général articulant des lois et des réglementations associées à des préconisations, le rôle des médias et de la société civile, les marchés financiers (sanctionnant les entreprises touchées par un scandale lié au non-respect de la vie privée de leurs clients), les logiciels dédiés et le comportement des firmes elles-mêmes (investissant plus ou moins dans le respect de leurs engagements ou la sécurisation de leurs systèmes d'information). La pondération de ces éléments varie d'un pays à l'autre : les États-Unis recourent moins à la réglementation et plus au rôle des médias et de la société civile que les pays européens (*cf.* chapitre v).

Le « marché » de la vie privée — l'offre et la demande de techniques de protection de la vie privée — est néanmoins nettement moins développé que celui des DP (*cf.* chapitre IV). Côté offre figurent évidemment les technologies pro-*privacy* (*privacy enhancing technologies*). L'organisation EPIC (epic.org) recensait ainsi en 2007 près de 170 logiciels : cryptage d'e-mails et de fichiers (environ 25 % des solutions offertes), navigation Internet anonyme (12 %), protection des disques (10 %), anti-cookies, filtres html et pare-feu (10 %), protection des communications vocales et des messageries instantanées (10 %), anti-spams, protection des mots de passe, authentification des signatures, sécurisation des connexions, identité de substitution, etc. En dehors d'Internet s'ajoutent également les solutions de protection contre la géolocalisation ou le traçage comme les techniques d'anonymisation et d'assombrissement.

L'offre est également le fait des individus eux-mêmes, lorsqu'ils inventent des moyens pour préserver leur anonymat (déclaration de fausses informations), ou le fait des firmes : engagements à ne pas transférer les DP de leurs clients, sécurisation de leurs systèmes d'information (par exemple, empêcher les dérivations « pirates » *via* leurs systèmes de collecte de DP). Si les tentatives des firmes pour contrer le piratage de leurs systèmes par des concurrents sont crédibles, les engagements affichés envers leurs clients ne le sont pas forcément (*cf.* chapitre V).

Du côté de la demande des individus, les comportements sont ambigus. D'un côté, ils désirent fortement être protégés et font pression *via* la société civile pour le renforcement des réglementations pro-*privacy*. Mais, d'un autre côté, une minorité adopte un comportement en adéquation avec ces préférences affichées et on constate en fait davantage une apparente indifférence aux dangers encourus. Ainsi, les logiciels pro-*privacy* sont peu adoptés et rares sont les individus faisant valoir en France leur droit d'accès aux fichiers les concernant détenus par les administrations, les banques, etc. [Lancelot-Miltgen, 2006]. Au contraire, nombre d'entre eux divulguent leur véritable identité en ligne, acceptent de remplir des formulaires en indiquant des informations sensibles (opinions religieuses, problèmes de santé...) et se préoccupent peu des traces qu'ils laissent sur Internet (*cf.* chapitre IV). Dans un tel contexte, comment justifier la vie privée et les dépenses institutionnelles correspondantes ?

II / Quelles justifications à la vie privée ?

> « S'il y a une chose que vous voulez que personne ne sache, vous devriez peut-être commencer par ne pas la faire. »
>
> Eric Schmidt, P-DG de Google, interview sur CNBC.

Que la vie privée soit conçue comme une préférence, un comportement, le résultat de l'action des personnes ou une protection légale, elle a donné lieu depuis la seconde moitié du siècle dernier à de nombreux travaux et débats. En effet, le même « espace » — physique, personnel, juridique — peut être à la fois une condition essentielle au développement de l'expression de la personnalité, de l'autonomie face au contrôle explicite ou latent des autres *et* un instrument pour déployer des comportements et des stratégies préjudiciables à la liberté et aux intérêts d'autrui. Avant de retracer les origines du débat en économie, et pour bien en saisir les enjeux, nous évoquons d'abord les arguments développés dans des disciplines comme la philosophie et le droit.

Les justifications traditionnelles

La philosophie des Lumières conçoit implicitement le respect de la vie privée comme le socle de toute liberté individuelle. Pour John Locke [1690], les opinions et les manières de vivre des personnes doivent être tolérées par quiconque dès lors qu'elles ne menacent pas l'ordre public. Au XIXe siècle, des auteurs comme Alexis de Tocqueville [1840] ou John Stuart Mill [1859] en soulignent toute l'importance face à l'ingérence de l'État ou à la « tyrannie » des autres et de l'opinion publique. Celle-ci a tendance à remettre en cause la singularité de l'individu en envahissant les individualités et en soumettant les conduites privées (conformisme). Depuis lors, la même appellation a pu évoquer différentes justifications, mais sa polysémie rend parfois difficile toute comparaison des arguments déployés.

Vie privée et autonomie individuelle

Dans une perspective kantienne, les personnes doivent être traitées avec respect et une condition à cela est la préservation de leur autonomie. En effet, des individus autonomes sont capables de rationalité, donc de s'imposer des normes et d'être responsables de leurs choix. La vie privée se justifierait ainsi de manière instrumentaliste, par ses conséquences sur la société, comme une condition fondamentale au développement de « soi » autonome.

En limitant l'accessibilité à l'individu et le contrôle exercé par la société, elle rend de fait possibles des activités essentielles et des conditions de vie et de pensée difficiles à réaliser sous le regard permanent des autres. Elle donne ainsi l'occasion d'apprendre, de créer, de se relaxer, de se concentrer en dehors du regard et du jugement des autres, en évitant le ridicule, la censure, la pression, amicale ou hostile, et le conformisme. Il s'agirait donc d'une condition essentielle à la liberté d'action permettant à chacun de développer, à l'abri du contrôle des autres, des compétences propices à assurer son autonomie et l'avènement d'une société libérale.

Quatre arguments, étayés par des travaux empiriques, plaident en faveur de la vie privée comme condition au développement d'individus autonomes [Kupfer, 1987]. Tout d'abord, la psychologie du développement montre qu'un enfant faisant l'expérience de la vie privée, du secret, du mensonge apprend par ce biais qu'il peut contrôler sa vie. À l'inverse, des individus immergés durablement dans des milieux « surveillés » comme la prison ou l'hôpital peuvent perdre le sens du soi comme centre de décisions, source de pensées, d'objectifs et d'actions singulières. Ensuite, l'individu peut profiter de l'espace privé pour « répéter », jouer différents rôles représentant ce qu'il voudrait être face aux autres, renforçant ainsi l'efficacité du contrôle de soi dans la vie en société. La vie privée fournit une forme de refuge permettant à chacun de « désobéir » en privé et d'acquérir la force d'obéir en public [Gavison, 1980]. En outre, se soustraire au regard des autres renforce la confiance en soi. Enfin, choisir avec qui il partage des informations intimes aide l'individu à distinguer entre les amis et les connaissances et, partant, à construire un réseau social qui lui soit propre.

Plus généralement, la vie privée est supposée promouvoir l'autonomie individuelle, « la capacité à établir un jugement moral indépendant, la disposition à l'exercer et le courage d'agir sur la base des résultats de cet exercice, même si le jugement n'est pas populaire » [Gavison, 1980, p. 449]. Quelle que soit la tolérance d'une société, tout comportement induisant un écart par rapport à ses normes est susceptible de faire l'objet d'une « sanction » proportionnelle. La possibilité d'une telle réaction (hostile) des autres peut avoir des effets inhibants pour l'individu. La vie privée procurerait alors une certaine autonomie face à la pression pour se conformer (préjudices ou jugements). Elle serait donc un moyen pour réfléchir seul et se créer une opinion (espace individuel) et éventuellement, confronter ensuite celle-ci à un groupe d'individus liés par une connivence (espace des relations intimes). Elle augmenterait ainsi la disposition à manifester publiquement ses opinions ou ses choix, aussi non-conformistes soient-ils. La promotion de la vie privée à travers l'éducation et sa protection légale doivent permettre à quiconque d'acquérir une telle autonomie.

Malgré l'importance théorique et les incidences économiques et sociales de l'autonomie individuelle, l'essentiel des travaux en économie, hormis Hirshleifer [1980], se sont focalisés sur la dimension du secret. Nous verrons toutefois qu'il existe des analyses économiques portant sur la question de l'identité et permettant de traiter cet aspect (*cf.* chapitre IV).

Intimité, paix sociale et réseaux relationnels

Pour le philosophe du droit Charles Fried [1970], la vie privée, en tant que capacité individuelle à contrôler ses informations personnelles, créerait les conditions d'acquisition de valeurs morales et sociales et de construction de relations intimes fondées sur le respect, l'amour, l'amitié et la confiance. En effet, à travers elle, chacun construit librement ses relations à autrui et se définit soi-même, en dehors de l'immixtion des autres. L'intimité dans les relations interpersonnelles, sans intrusion ni surveillance extérieures, donne à chacun l'occasion de profiter d'expériences spontanées sans ressentir de gêne ni de honte [Gerstein, 1978]. Le secret serait donc propice à une coexistence harmonieuse entre les individus à travers le respect de chaque personnalité.

D'autres auteurs justifient la vie privée par rapport aux relations de « soi » avec les « autres ». Gavison [1980] et, dans une perspective féministe, Allen [1988] l'analysent comme la capacité à contrôler l'accès que les autres peuvent avoir à soi. De quelles informations disposent-ils sur soi, jusqu'à quel point peuvent-ils accéder physiquement à soi et sommes-nous l'objet de l'attention des autres ? Plus cette accessibilité serait limitée, plus nous pourrions contrôler notre vie privée face à la surveillance des autres.

Quels sont précisément les moyens de réduire cette accessibilité ? 1) Le secret et la confidentialité : personne n'a d'informations à propos de soi si ce n'est ceux que l'on choisit ; 2) l'anonymat : personne ne prête attention à soi ; 3) la solitude : personne n'a d'accès physique à soi. Tous ces moyens concourraient à l'émergence de personnes autonomes et à la participation à la société en tant que citoyens égaux. La vie privée aurait ainsi pour fonction la « promotion de la liberté, l'autonomie, l'individualité, les relations humaines et, plus fondamentalement, l'existence d'une société libre » [Gavison 1980, p. 423].

Sur cette base, Moore [2003] met sur un pied d'égalité la vie privée avec l'éducation, la santé et le capital social comme des conditions *sine qua non* à l'épanouissement humain. Il rejette notamment toute remise en cause du droit à la vie privée, même face à des impératifs de sécurité publique dont le renforcement serait d'autant plus néfaste qu'il menace l'épanouissement individuel et crée un terreau fertile à toute forme d'intolérances et de violences.

Rachels [1975] souligne que la capacité de contrôler l'information et l'accès à soi permet d'organiser ses relations sociales avec les autres. La préservation de la vie privée permettrait d'entretenir une diversité de relations au-delà des seuls réseaux d'intimité (les très proches étant les meilleurs observateurs et bien entendu ceux qui sont autorisés à « envahir » l'espace intime). En se protégeant contre la fuite d'informations et donc en disposant d'un contrôle sur ses DP (objectives, subjectives, relationnelles...), l'individu aurait le pouvoir de gérer ses relations interpersonnelles : contrôler qui a accès à lui et connaît quoi sur lui et ses échanges avec les autres, mais également éviter une interpénétration trop poussée de ses différents réseaux sociaux. Il n'est pas rare d'avoir une personnalité et une façon d'être en public différentes selon que l'on est entre amis ou en famille, avec des amis de longue date ou des nouvelles relations, dans la vie associative ou professionnelle, etc. Par ce biais, la vie privée donnerait également à l'individu les moyens de cultiver sa personnalité.

À cet égard, les réseaux sociaux en ligne (Facebook...) pourraient être un vecteur de réduction de cette diversité en favorisant un décloisonnement excessif des espaces privés de chaque individu [Rallet et Rochelandet, 2010]. Prenons l'exemple de parents prenant connaissance à travers Internet des orientations politiques ou sexuelles de leur fils, lesquelles se révèlent non conformes à leurs valeurs et styles de vie. Leur changement d'attitude risque d'affecter le bien-être du fils : accueil moins chaleureux, moquerie, diminution du nombre de cadeaux..., sans que rien soit explicitement exprimé de la part des parents et que le fils comprenne les raisons de ce soudain revirement d'attitude. Autre exemple dans le domaine professionnel, les employeurs s'informent très souvent des candidats à un emploi en effectuant des recherches à travers des moteurs de recherche sur leur compte, ce qui peut affecter leurs décisions et restreindre le réseau professionnel du candidat.

La protection légale des DP — l'encadrement des conditions de leur exploitation — ne peut guère régler en soi ces problèmes : il est difficile d'interdire la divulgation des DP par les personnes concernées elles-mêmes ou par leurs proches, ni la consultation par des tiers des réseaux sociaux en ligne et des informations *via* des moteurs de recherche. En revanche, ces pratiques insidieuses, moins frontales que le *spamming* ou le chantage, montrent la nécessité de mettre en place une « politique » de *privacy* plus orientée vers l'information sur les risques et la prévention (*cf.* chapitre v). On entre alors dans le débat sur le droit au respect de la vie privée.

Le débat autour de la protection légale de la vie privée

Malgré ses nombreuses justifications, la vie privée se heurte à des impératifs publics. Par exemple, empêcher la surveillance, les perquisitions, la collecte et l'exploitation de DP ayant trait à la santé, aux activités politiques ou au passé criminel d'individus peut réduire l'efficacité des politiques publiques comme la santé, la justice, les enquêtes criminelles, le renseignement, donc représenter une perte de bien-être pour la collectivité. Les enjeux en matière de droit public sont alors fondamentaux. Aux États-Unis, les événements du 11 septembre 2001 ont à cet égard abouti à une remise en cause de la législation pro-*privacy* : le droit à une vie privée doit-il passer au-delà de la sécurité des citoyens ?

La défense du droit de privacy

La vie privée se justifierait, aussi bien en tant que quête individuelle que droit de la personne, en raison de la valeur sociale attachée à l'inviolabilité des personnes physiques. Au même titre que l'interdiction des arrestations arbitraires ou de la diffamation, son respect et l'interdiction de toute divulgation d'informations personnelles sans le consentement de la personne, des écoutes téléphoniques, de la surveillance arbitraire, etc. garantiraient le respect de personnalité morale, la dignité humaine et l'autonomie individuelle, en permettant à chacun de se soustraire à la surveillance des autres, au contrôle social et à l'arbitraire [Bloustein, 1964].

En tant que règle de droit singulière, la protection de la vie privée a été défendue aux États-Unis à la fin du XIXe siècle par deux juristes, Warren et Brandeis [1890]. Les différentes lois et décisions de justice (inviolabilité du domicile) pour protéger l'intimité seraient devenues insuffisantes face au changement technologique qui rendrait nécessaire d'établir un droit spécifique de *privacy*. Ainsi, ils soulignent à quel point la presse et la photographie ont envahi la vie privée : photographie d'individus dans leur intimité, à leur insu, divulgation par la presse de détails concernant leur vie privée, sans leur accord et auprès d'un large public. Ce contrôle inédit devrait être contrebalancé par une protection légale spécifique pour que quiconque puisse contrôler l'étendue à laquelle ses DP sont partagées avec d'autres personnes.

Loin de protéger les contenus produits (textes, photographies) qui le sont par la propriété intellectuelle, ce droit de *privacy* devrait préserver la tranquillité d'esprit. Il ne s'agirait pas de punir le vol d'une image de soi ou d'un écrit intime, mais de sanctionner leur publicisation sans l'accord de la personne. La *privacy* est alors conçue comme un droit de la personnalité attaché à sa non-violation, au même titre que le droit à l'intégrité corporelle et que les droits moraux du droit d'auteur, donc un droit de la personne, opposable à tous et ne pouvant faire l'objet de transactions.

Néanmoins, ces auteurs admettent que certaines limitations doivent être associées à l'exercice d'un tel droit pour le rendre compatible avec d'autres libertés comme le droit de publier des informations non diffamantes sur les personnes publiques dans l'exercice de leurs fonctions.

Les critiques du droit de privacy

Différentes critiques ont été adressées à l'encontre du droit de *privacy*. La plus importante est celle de Thomson [1975] pour qui ce droit serait inutile, les intérêts privés des individus étant déjà garantis par d'autres protections légales : droits de propriété, d'intégrité de la personne, à la sécurité, interdiction de la diffamation, etc. Au mieux, la *privacy* regrouperait sous une même appellation un ensemble de droits élémentaires sans pour autant constituer en tant que telle une prérogative spécifique. Toutefois, il n'y aurait aucune nécessité particulière à un tel regroupement, en fait arbitraire et sans fondements éthique, politique ou moral particuliers. Toute violation de la *privacy* serait *in fine* la transgression d'un droit plus élémentaire. Cette perspective « réductionniste » a été reprise par les économistes de l'école de Chicago qui y ajoutent l'idée d'inefficience économique (*cf. infra*).

Une autre critique importante est celle du sociologue communautariste Etzioni [2005] mettant l'accent sur l'arbitrage entre les droits individuels et les impératifs de sécurité publique, notamment suite aux événements du 11 septembre 2001. La lutte contre le terrorisme justifierait des lois comme le *U.S. Patriot Act* empiétant largement sur les libertés individuelles et la vie privée. L'intérêt de la communauté doit parfois primer sur le droit à la vie privée. Certes, celle-ci aurait des bienfaits comme la préservation de la différence ou la formation d'opinions divergentes, mais également un « coût » en menaçant d'autres « valeurs » sociales comme la sécurité nationale, la santé publique, la lutte contre la criminalité, etc. La dissimulation de données médicales (par exemple, être porteur du VIH) ou judiciaires (avoir commis un vol) est un des aspects négatifs de la *privacy*, tout comme la fouille dans les aéroports ou les cartes d'identité biométriques sont une remise en cause de la vie privée dans l'intérêt de la société.

Face aux défenseurs de la *privacy* comme rempart contre l'ingérence de l'État, Etzioni soutient qu'au contraire réduire la *privacy* atténuerait le besoin de contrôle et d'intrusion étatiques. Vingt ans auparavant, Becker [1980] établit un constat similaire : le renforcement de la *privacy* se justifierait par l'efficacité croissante des techniques de lutte contre les actes illégaux (et vice versa). À la surveillance policière du gouvernement se substituerait alors un contrôle bénéfique par la communauté dans laquelle vit l'individu : sa famille, ses amis, ses voisins, les membres d'associations de volontaires... Ce raisonnement peut évidemment interloquer un Européen au fait des ressorts des régimes totalitaires ou d'occupation avant et pendant la Seconde Guerre mondiale (*cf.* les travaux d'Hannah Arendt [1951]) !

Enfin, une critique originale vient de certaines féministes aux États-Unis. Pour MacKinnon [1989], la *privacy* est préjudiciable aux femmes et aux enfants car cette opacification légale de l'espace familial serait au service d'un pouvoir masculin ou patriarcal par lequel les hommes imposeraient leur joug dans le silence du foyer ainsi cloisonné. Elle propose de ce fait d'abandonner l'idée même de séparation privé/public. Toutefois, d'autres féministes [Allen, 1988] critiquent cette vision en montrant qu'il est difficile de rejeter en bloc une loi en raison d'une conséquence négative. La *privacy* peut protéger les femmes sur d'autres aspects tels que le contrôle étatique des naissances ou les programmes imposés de stérilisation. Non seulement sa suppression laisserait le champ libre à d'autres formes d'abus, mais il faudrait associer à la *privacy* d'autres protections plus fermes contre la domination masculine.

Les critiques communautariste et féministe mettent en évidence le conflit entre intérêts privés et intérêts collectifs. Une *privacy* stricte pourrait induire des déséquilibres, si elle n'était pas accompagnée de mesures pour en corriger les détournements : violences au sein du foyer, menaces sur la sécurité intérieure... En France, le juriste Beigner [1995] rappelle clairement les interférences entre le droit au respect de la vie privée et l'ordre public (*cf.* encadré). Plus fondamentalement, les critiques communautaristes et féministes montrent la nécessité d'une analyse comparant les avantages et inconvénients d'une règle juridique avant de statuer sur son intérêt et, le cas échéant, de la mettre en place.

Les frontières juridiques entre vie privée et vie publique

Pour le juriste Beigner [1995], la délimitation entre vie privée et vie publique ne se résume pas à une simple opposition entre « vie à huis clos » et « vie sur la place publique : « La vie privée n'est pas ce qui reste quand la vie publique s'est retirée ; pas plus que la vie privée n'est ce que l'on accepte de révéler » [Beigner, 1995, p. 67].

Sous certaines conditions, la vie privée conçue comme le droit à être laissé tranquille s'impose face à d'autres droits et prérogatives comme la liberté de la presse ou le droit de propriété. Parmi les différents cas étudiés par Beigner (personnalité publique, fonctionnaire...), évoquons celui des déchets ménagers. Si, pour une personne, s'emparer d'une chose abandonnée sur la voie publique l'en fait propriétaire, pour autant, ses nouvelles prérogatives sont strictement bornées par les droits de la personnalité. Ainsi, les éléments informationnels déchiffrables à partir des ordures (boîtes de médicaments vides et état de santé, vieilles enveloppes et correspondances, etc.) sont manifestement destinés à la destruction par le précédent propriétaire et l'individu qui voudrait les exploiter — un journaliste par exemple — ne pourrait le faire sans violer sa vie privée.

En revanche, le droit à la vie privée doit parfois s'infléchir face à des impératifs d'ordre public ou à d'autres exigences sociales comme le constat d'adultère ou le test de paternité imposés par des moyens légaux aux individus. L'interférence entre vie privée et vie professionnelle permet également d'illustrer ce point. En France, la vie privée ne peut justifier un licenciement que si elle crée un préjudice à l'employeur, à l'instar d'un sacristain homosexuel renvoyé par son curé, non sur la base de son orientation sexuelle, mais parce qu'il s'affichait publiquement comme tel, ce qui pouvait heurter les convictions des paroissiens. Pour Beigner, dont l'analyse est assez proche sur bien des aspects de celle de Posner, la protection légale de la vie privée ne saurait être ainsi assimilée à une forme de droit de non-ingérence.

Le débat sur la *privacy* en économie : l'école de Chicago et ses critiques

À l'exception notable de Hirshleifer [1980], les économistes abordent la question de la vie privée essentiellement sous la dimension du secret et du contrôle des informations personnelles. Les premiers travaux sur ce thème proviennent de l'école de Chicago, en particulier du juge Richard A. Posner [1978a, 1978b, 1981] et de l'économiste George J. Stigler [1980] prenant part dans les années 1970 au débat sur le renforcement de la protection légale de la vie privée aux États-Unis face à une informatisation croissante et à la multiplication des bases de données stockant un volume exponentiel de DP. Ils s'opposent à cette réforme dont ils dénoncent les conséquences économiques négatives. Leurs arguments sont synthétisés dans un numéro spécial du *Journal of Legal Studies* paru en 1980 et ont donné lieu à de nombreuses critiques, lesquelles, une décennie plus tard, avec l'avènement d'Internet, ont ouvert la voie à une série de travaux plus formalisés sur les effets économiques de la *privacy* [Hui et Png, 2006].

L'école de Chicago : la privacy *comme dissimulation et source d'inefficience*

Posner [1978b] résume clairement la position de l'école de Chicago ; le *Privacy Act* de 1974 est un « exemple de régulation gouvernementale perverse de la vie sociale et économique » qui protégerait sur une base légale un comportement suspect : « Pourquoi quelqu'un voudrait-il dissimuler un fait, si ce n'est pour induire en erreur les autres afin de faire des transactions avec eux ? » [Posner, 1981, p. 408]. La préservation de la vie privée engendrerait ainsi des externalités au détriment des entreprises et des parties non informées.

Un comportement de dissimulation. — Posner écarte toute autre définition de la *privacy* que celles de « dissimulation » et de « rétention » d'informations. Elle favoriserait l'exercice d'activités préjudiciables telles que la tromperie et la construction d'une réputation falsifiée propice à des activités illégales, inhiberait la prise de décision efficiente en réduisant la quantité d'informations disponibles et empêcherait l'émergence d'un marché des DP en augmentant les coûts de transaction.

La vie privée informationnelle est appréhendée comme une forme de fraude : pour un individu (jeune marié, chercheur d'emploi, assuré...), masquer des aspects de sa vie privée servirait à cacher certains « défauts » qui modifieraient, s'ils étaient dévoilés, les conditions des transactions qu'il noue avec les autres (mariage, contrat de travail, police d'assurance...). De la sorte, Posner fait un parallèle avec la notion de vice caché en droit commercial. La *privacy* serait une protection légale illégitime des pratiques fondées sur la tromperie en créant une rente de situation à l'avantage des individus bénéficiant d'une asymétrie informationnelle juridiquement protégée.

Plus fondamentalement, la *privacy* conférerait un droit de propriété inaliénable aux individus induisant une « restriction dans la collecte ou l'utilisation d'informations sur une personne ou une entreprise » [Stigler, 1980, p. 625] et réduirait « la quantité d'informations disponibles sur le marché, et de la sorte l'efficience allocative de ce marché, quel qu'il soit : travail, époux, amis » [Posner, 1981, p. 406]. Elle gênerait ainsi l'appariement optimal entre l'offre et la demande et serait source de gaspillages de ressources. À l'inverse, l'attribution de droits de propriété librement aliénables permettrait de résoudre les problèmes engendrés par la vie privée. Conformément aux résultats de la théorie des droits de propriété, le libre transfert des droits sur les DP garantirait qu'ils échoiraient à ceux qui les valoriseraient le plus et donc maximiserait la richesse sociale.

Certes, du fait de leur non-rivalité, ceux qui investissent le plus dans la production de ces ressources ne sont pas forcément les individus qui en sont à l'origine. Pour autant, Stigler [1980] estime que cela n'est pas un problème en soi. Les individus que la divulgation des DP désavantagerait *a priori* doivent de toute façon supporter une charge supplémentaire en cas de dissimulation. Il existerait un arbitrage entre le gain que la partie informée tire de la dissimulation et le prix qu'elle doit payer pour préserver sa vie privée. Ce « prix » de la dissimulation l'inciterait en fait à divulguer et accepter la chaîne de transfert de droits engendrée par l'exploitation de ses DP. Appliqué à Internet, un individu déformant ses informations privées sur un site de rencontre en ligne afin d'améliorer son image et provoquer des rencontres verrait *in fine* sa réputation dégradée suite à des rendez-vous décevants pour les partenaires potentiels.

Les deux auteurs rejettent au passage toute idée de défaillance du marché pouvant servir de justification à une telle réglementation correctrice, en particulier les risques d'exploitation excessive des DP et les inefficiences dues à l'utilisation de données inexactes ou périmées au détriment des personnes (*cf.* chapitres V). Dans tous les cas de figure, la protection légale des DP devrait être abolie du fait des inefficiences qu'elle crée. Quant aux autres aspects du droit au respect de la vie privée — liberté individuelle, inviolabilité du domicile, protection contre la diffamation —, Posner adopte la position réductionniste de Thomson [1975] : ils seraient déjà garantis par des droits fondamentaux.

La production d'informations imprécises. — Les individus auraient tendance à surinvestir dans la collecte des informations concernant les autres et la dissimulation des leurs afin d'orienter la répartition de rentes en leur faveur [Hirshleifer, 1971]. Si l'effet redistributif en lui-même est neutre du point de vue de la richesse sociale, les ressources utilisées pour opérer cette redistribution pourraient être affectées à des usages productifs. Ainsi, un vendeur en ligne collectant des DP sur ses clients peut déterminer leur disposition à payer et fixer des prix tels qu'il s'octroie tout ou partie de leur surplus. S'il est éventuellement gagnant (le profit ainsi obtenu compense le coût de collecte), l'opération peut être négative au niveau de la richesse sociale si ces ressources avaient été affectées à la production de services innovants augmentant la disposition à payer des consommateurs et attirant de nouveaux clients. La *privacy* dissuaderait donc ce gaspillage de ressources.

Pour leur part, Posner [1978] et Stigler [1980] estiment qu'il faut prendre en compte d'autres conséquences de la *privacy*. Elle se révélerait ainsi souvent inefficace, contournable et donc, loin d'empêcher la collecte, n'aboutirait qu'à une augmentation des coûts supportés par les firmes et, par ricochet, leurs prix. En affectant l'efficience productive des actions menées par les entreprises (parties non informées), elle provoquerait une hausse des prix et une diminution du bien-être collectif.

Précisant cette idée, Stigler estime que, du fait de la quantité réduite de DP disponibles due à la *privacy*, les agents sous-informés recherchent des sources alternatives d'informations, moins précises, multipliant ainsi les erreurs de classification. Faute d'informations pertinentes, la segmentation d'une population d'individus en classes plus homogènes serait plus difficile et réduirait l'efficience des décisions des firmes.

Par exemple, ne pouvant connaître la nature précise des embauches précédentes ou le passé juridique d'un postulant, un employeur recourra à des méthodes d'évaluation moins précises et plus coûteuses comme la période de mise à l'essai. De même, faute d'informations sur les défauts de paiement d'un emprunteur, un organisme de crédit fera subir à tout nouveau demandeur une période de crédit rationné pour limiter le risque lié à une défaillance. Dans ces deux exemples, les agents subissent tous des pertes de revenus. Pour l'employeur, ne pas embaucher le salarié au terme de sa période d'essai lui fait subir une perte due à la productivité inférieure de ce salarié durant cette période et à la nouvelle procédure de recrutement. Quant au nouvel employé, la divulgation de ses DP lui aurait permis de trouver un contrat de plus longue durée, certes moins rémunéré mais plus adapté à ses capacités, et d'éviter d'avoir à chercher un nouvel emploi.

L'imprécision dans la classification des ressources et des personnes écraserait donc les différences interindividuelles et s'opérerait ainsi une redistribution intraclasse provoquant une diminution du bien-être social. Reprenant le cas du marché du travail, Stigler [1980] affirme que les salariés étant mélangés dans des classes de qualifications moins précises et donc affectés à des tâches productives inadéquates, la firme ne minimiserait pas son coût de production. La productivité totale serait inférieure aux résultats obtenus si les DP étaient librement exploitables (en l'absence de *privacy*).

Cet argument serait valable dans tout autre type de transactions. À cet égard, la libre exploitation des DP permise par Internet autorise la réduction de ces asymétries. Les employeurs peuvent ainsi compléter le CV communiqué par les postulants en interrogeant simplement des moteurs de recherche. Faut-il alors appliquer le raisonnement de Stigler et ne pas étendre le régime de la *privacy* à Internet ? En fait, l'école de Chicago sous-estime d'autres avantages liés à la non-divulgation des DP. Un tel comportement peut être motivé par la volonté de ne pas subir des externalités négatives liées à l'exploitation des DP (*cf.* chapitre III) ou bien de s'épargner une anxiété liée à l'adoption d'une manière de vivre non conforme à ses réelles préférences en vue de maintenir une réputation (*cf.* chapitre IV).

Les critiques adressées à l'encontre de l'école de Chicago

Une position conservatrice tournée vers les intérêts des industriels. — Posner et Stigler ont manifestement un parti pris résolument en faveur des entreprises. Le secret industriel (*corporate privacy*) se justifierait là où le secret lié à la vie privée (*personal privacy*) serait inefficient. La production de connaissances techniques nouvelles serait le plus souvent coûteuse, si bien que le secret industriel se justifierait par l'incitation donnée aux entreprises à innover et à supporter ces coûts fixes. Il serait d'autant plus légitime que, contrairement à la *privacy*, il améliorerait le bien-être social en étant à la source d'innovations.

Néanmoins, ce type d'arguments est contestable : le secret industriel est souvent considéré comme socialement inefficient par rapport au brevet, lequel permet la divulgation de connaissances qu'il protège. Plus fondamentalement, quelle est la pertinence d'une telle opposition entre vie privée et intérêts économiques d'entreprises comparant implicitement les gains d'utilité retirés par les individus « dissimulateurs » aux pertes présumées des entreprises dues à la dissimulation d'informations privées ?

En fait, la *privacy* informationnelle bénéficierait essentiellement aux individus « à risques » : anciens criminels, mauvais payeurs, salariés non qualifiés, assurés fraudeurs, fiancés non solvables... De manière symptomatique, Posner [1981] va jusqu'à assimiler ces groupes à risques aux populations noires et hispaniques. Se fondant sur un test économétrique rudimentaire, il prétend que « les principaux bénéficiaires d'une telle législation sont des gens caractérisés par plus d'arrestations ou de condamnations, ou de rapports de crédit pires que la moyenne. Ces groupes ne sont vraisemblablement pas suffisamment cohésifs [...] pour former des coalitions politiques, mais ils recoupent fortement les groupes ethniques et raciaux, à savoir les Américains noirs et hispaniques, qui sont organisés politiquement. [...] [I]l peut être très probablement dans leur intérêt de faire pression pour le passage de lois qui interdisent la "discrimination" [...]. Si les employeurs et les organismes de crédit sont dans l'incapacité d'utiliser ces critères pour trier les risques [...], une redistribution de richesse des Blancs vers les membres de ces groupes raciaux et ethnique pourrait bien en résulter » [Posner, 1981, p. 407].

Une position alternative : la critique libertarienne. — L'économiste libertarien David Friedman [2000] considère la *privacy* comme un comportement visant à garantir l'autonomie individuelle à travers le contrôle des individus sur l'accès à leurs DP : « ...] Plus de vie privée place le monde dans une meilleure position [...] parce qu'il s'agit essentiellement d'une arme défensive, un moyen de réduire la capacité des autres personnes de nous contrôler. » En revanche, la législation sur la vie privée n'aurait aucun effet sur les relations sociales. Si un employé est dans son droit lorsqu'il refuse de révéler l'état de son casier judiciaire à son employeur, ce dernier n'en demeure pas moins libre de l'embaucher ou non. De même, la fourniture de pièces administratives certifiant l'état du patrimoine et du revenu peut conditionner l'octroi d'un crédit et leur non-divulgation serait un indice pour le prêteur. Bref, refuser de parler de son passé engendre de la suspicion.

La justification du droit à la vie privée se situerait alors à un autre niveau que la recherche délibérée de dissimulation de DP et d'une réputation artificiellement gonflée par le mensonge. Selon

Friedman, il serait difficile de justifier de manière décisive la *privacy* à la fois en tant que comportement des individus se protégeant par leurs propres moyens et droit protégeant les individus contre les actions des autres.

Ses effets sur le bien-être social sont ambigus pour trois raisons principales. D'une part, le droit à la vie privée permettrait aux individus de réduire les dépenses qu'ils engagent pour contrôler leurs DP et donc jouerait positivement sur le bien-être social. Toutefois, cet effet est contrebalancé par le fait que les agents veulent des informations sur les autres — pour mieux se coordonner, prendre des décisions plus efficaces... — et donc tout renforcement de la *privacy* augmente les dépenses engagées dans ce but. L'effet net d'un renforcement de la *privacy* dépendrait de l'élasticité des coûts de contrôle et de collecte.

Ensuite, la *privacy* pourrait se concevoir comme un moyen d'attribuer des droits de propriété sur les DP et de définir ainsi un marché permettant d'allouer ces droits à ceux qui les valorisent le mieux et de promouvoir l'efficience économique. Toutefois, cet argument se heurterait à l'existence de coûts de transaction pouvant bloquer le fonctionnement d'un tel marché, ainsi qu'à l'existence d'externalités négatives (*cf.* chapitre V).

Enfin, selon Friedman, la *privacy* se justifierait comme un comportement visant à contrer les tentatives de contrôle sur soi exercées par les autres, en particulier l'État. La portée de cet argument dépend en fait de la conception que chacun a du gouvernement : la *privacy* serait moins justifiée pour ceux qui adhèrent à la vision du « roi philosophe » ou de l'État bienveillant, utilisant les DP pour garantir des objectifs sociaux tels que la sécurité, la justice et la redistribution sociale. Elle le serait plus pour ceux qui adoptent un point radicalement opposé, celui d'un État conçu comme une mafia cherchant par tous les moyens à conserver le pouvoir et, pour cela, un contrôle social qui ne s'accommode pas de la vie privée.

Une vision unidimensionnelle de la *privacy*. — Hirshleifer [1980] est le premier économiste à rejeter l'idée de confiner la vie privée à la dimension du secret, qu'il estime périphérique face à l'autonomie individuelle. Il reprend les arguments de philosophie politique (*cf. supra*) : loin d'être un moyen de tromper les autres en dissimulant ses DP, elle serait un mode fondamental d'organisation des rapports sociaux fondé sur le désir d'être indépendant du contrôle des autres.

Cette conception ne doit pas être non plus confondue avec le désir d'être seul (*seclusion*) qui, avec le secret, n'est qu'un instrument pour garantir l'autonomie individuelle. Le terme « privé » renvoie donc ici au « contrôle de sa propre personne et de son propre temps ». En ce sens, le « privé » de « vie privée » rejoint davantage le qualificatif « privé » de « propriété privée » : ce qui importe dans les deux cas ne serait pas de posséder un objet ou de dissimuler des informations mais de s'assurer une autonomie par rapport aux autres. À cet égard, le chapitre IV présente des travaux récents soulignant l'importance économique de l'identité sociale et son impact sur l'autonomie individuelle.

L'existence de marchés fondés sur les asymétries informationnelles. — Posner et Stigler fondent leur analyse sur l'hypothèse d'efficience des marchés. Une abondance d'informations permettrait aux agents de prendre des décisions rationnelles et conformes à la maximisation de la richesse sociale. Une telle approche se fonde toutefois sur une conception limitée ne prenant en compte que l'efficience *ex post*.

Au contraire, une information trop abondante pourrait détruire les fondements de certains marchés. Hermalin et Katz [2006] prennent l'exemple du marché de l'assurance maladie aux États-Unis. Si un assureur ne peut pas identifier l'état de santé réel de ses clients potentiels avant signature du contrat, il sera en mesure de ne fixer qu'un seul taux de prime d'assurance. Mais, contrairement à l'approche de l'école de Chicago, il ne s'agirait pas d'une subvention croisée inefficiente entre assurés en bonne et en mauvaise santé, mais plutôt d'un mécanisme d'assurance, de mutualisation des risques contre la maladie sur un marché fondé justement sur de tels risques. En cas d'information parfaite, les personnes en mauvaise santé ou susceptibles de l'être — il est difficile de prévoir à l'avance sa mauvaise santé — se verraient infligées des prix plus élevés et donc certaines seraient probablement exclues du marché.

De surcroît, Hermalin et Katz opposent à Stigler une approche en termes d'efficience *ex ante*. En l'absence de *privacy*, un assureur peut exiger un examen de santé à ses assurés et fixer des primes selon les résultats. Or cela pourrait amener les assurés payant des primes plus élevées et donc davantage couverts à systématiquement prendre plus de risques pour leur santé. À l'inverse, dans un régime de *privacy*, l'impossibilité d'exiger de tels examens aurait pour effet d'économiser leurs coûts et amènerait les assurés à prendre moins de risques.

Enfin, l'absence de *privacy* pourrait aboutir au résultat inverse de celui recherché. Ainsi, les individus étant systématiquement obligés de divulguer leur état de santé lorsqu'un tiers l'exige ne seraient pas incités à réaliser de tels examens. Cela réduirait la quantité d'informations disponibles sur le marché et aurait des conséquences plus graves encore en matière de santé publique. L'effet sur le bien-être social serait d'autant plus négatif si, dans un régime de *privacy*, l'individu effectuait en fait de tels examens de son propre chef.

L'absence de prise en compte des externalités. — L'école de Chicago suppose un coût significatif du traitement de l'information et donc une autolimitation de la demande et de l'exploitation des DP. Or le résultat d'une recherche d'informations pertinentes, quel que soit son coût, n'est jamais prévisible *ex ante*. Par exemple, en cherchant à compléter le CV d'un postulant, l'employeur peut découvrir fortuitement des DP sans rapport avec ses besoins professionnels mais heurtant ses propres valeurs — le postulant est inscrit sur un réseau social gay ou a signé une pétition en ligne — ou, au contraire, l'amenant à surestimer le candidat — il a fait son service militaire dans la même unité que lui. Il risque ainsi de rejeter une candidature adéquate à ses besoins ou de recruter une personne pourtant moins compétente qu'une autre.

De plus, il peut exister des rigidités sur le marché. Un employeur peut certes évaluer *via* leurs DP la productivité réelle des postulants et réduire ainsi ses coûts de production. Mais, si de tels ajustements salariaux se révèlent rigides, l'employeur risque de ne pas embaucher du tout. Cela peut se vérifier sur d'autres marchés : assurances, crédit, biens de consommation... où la rigidité des prix s'accommoderait mal de l'absence de *privacy*.

Plus généralement, l'école de Chicago ne prend pas en compte différentes formes d'externalités négatives associées à la collecte et à l'exploitation des DP. Le chapitre suivant analyse précisément ces effets négatifs qui affectent les modes d'exploitation des DP.

III / Exploitation des données personnelles, vie privée et externalités

« Tu vois, c'est ça le problème avec les terroristes : ils n'ont aucun respect pour ta vie privée. »

Arnold Schwarzenegger, réplique dans *True Lies*.

L'école de Chicago, soucieuse avant tout des intérêts industriels, a minimisé l'importance des externalités négatives subies par les individus à travers la collecte et l'utilisation de leurs DP. Elle n'a pas anticipé l'impact croissant de ces activités sur toutes les facettes de la vie privée. Les manifestations les plus visibles de ces effets négatifs sont le *spamming* ou les escroqueries en ligne qui se traduisent pour leurs victimes par le tri des messages, des coûts monétaires, une intrusion croissante dans leur intimité... D'autres externalités sont moins perceptibles et plus difficiles à évaluer comme la discrimination sur les marchés des produits ou du travail où les individus subissent parfois des prix supérieurs ou des pertes d'opportunités d'emploi. Ce chapitre propose d'abord de définir les DP comme des biens informationnels spécifiques pour ensuite étudier les types d'externalités directes et indirectes engendrées par leur exploitation.

Les données personnelles, des biens informationnels spécifiques

Dès lors qu'ils utilisent ou transitent par un réseau numérique, les échanges marchands (achat en ligne) ou non marchands (communications interpersonnelles, partages de vidéos...) se doublent d'échanges d'informations personnelles, enregistrées par l'une des parties avec l'accord ou non de son émetteur [Culnan et Bies, 2003]. Les DP constituent ainsi des biens informationnels spécifiques combinant une ou plusieurs caractéristiques individuelles de personnes identifiées avec un « support » prenant la forme d'une série d'octets numérisant ces informations à une date donnée. De ce fait, elles sont marquées par certaines dualités.

Des caractéristiques de biens collectifs

Durabilité et non-rivalité. — Comme pour tout autre bien informationnel, le support des DP est durable : une information numérisée ne se détruit pas à l'usage mais est reproductible à l'infini. Pour autant, contrairement à d'autres biens informationnels comme les biens culturels, l'information est périssable : les caractéristiques d'une personne peuvent changer au cours du temps, par exemple lorsqu'elle change d'adresse ou d'activité, sans que les supports enregistrés à une date donnée évoluent en conséquence. Cela représente des inconvénients et des nuisances pour la personne dans certains cas d'exploitations comme un fichage erroné par la police (arrestation sans fondement réel) ou une banque (refus d'octroi de crédit fondé des informations fausses).

La durabilité associée à la reproductibilité parfaite des supports des DP fait également qu'elles sont non rivales : les partager ne prive pas leur détenteur du bénéfice de leur utilisation, ni n'empêche un nouvel acquéreur de les céder à son tour. Elles sont partageables d'un simple clic de souris, ce qui facilite leur circulation marchande ou non marchande, mais rend en même temps particulièrement difficiles la surveillance et la maîtrise de leurs utilisations successives. L'« excluabilité » des utilisateurs subséquents est par conséquent coûteuse pour les utilisateurs premiers, voire impossible pour les personnes elles-mêmes. La vérification des utilisations par les uns et leur certification par les autres sont des activités coûteuses aux effets incertains.

Par exemple, comment empêcher la revente de DP, prévenir la perte ou le vol de bases de données, connaître toutes les exploitations réalisées à partir des DP ? Les prix qui sont proposés à un individu sont-ils calculés ou non à partir de ses DP ? De même, dans quelle mesure des DP sont-elles à l'origine d'un refus d'embauche ou de réactions hostiles de la part de l'entourage proche ?

Des asymétries informationnelles fortes. — L'utilisation des DP est de ce fait marquée par des asymétries informationnelles entre les individus et les exploitants (premiers et subséquents). Qui plus est, ces asymétries sont réciproques : tous les agents peuvent être tantôt la partie informée, tantôt la partie non informée. Dans certains cas, lorsqu'il divulgue ses caractéristiques individuelles, l'individu connaît seul la qualité des DP, leur exactitude par rapport à ses caractéristiques individuelles, ainsi que leur évolution et leur qualité au cours du temps.

Par exemple, les consommateurs savent quelle est leur réelle disposition à payer ; les employés, leurs qualifications ; les assurés, le niveau de précaution qu'ils adoptent en matière de conduite... De telles asymétries défavorables aux entreprises ont des incidences sur la qualité des DP collectées et affectent le fonctionnement du marché. De plus, la valeur marchande d'une base de données recensant des DP variera en fonction de la nature des données collectées. Celles-ci peuvent être erronées dès l'origine en fonction de la stratégie des individus lorsqu'ils divulguent leurs informations, de l'acceptabilité du système de collecte. L'obsolescence des informations peut ainsi s'accroître au cours du temps (*cf.* chapitre I).

L'école de Chicago se concentre sur ce type d'asymétries. Cependant, les asymétries jouent fréquemment dans l'autre sens. De manière générale, les individus ne savent pas toujours quelles données les concernant sont effectivement collectées et exploitées, encore moins la manière dont elles le sont, pour quels usages elles sont destinées, le degré de sécurité effectif protégeant les bases de DP obtenues avec leur consentement, les éventuels transferts de ces données (revente, vol, détournement...), la chaîne de transfert qui peut découler du premier acte de transfert, etc. En outre, lorsqu'elles sont prélevées à l'insu d'un internaute (traces de navigation laissées sur Internet), ses DP peuvent refléter plus ou moins fidèlement son comportement réel.

Ces asymétries sont d'autant plus fortes qu'elles se reproduisent à tous les stades de la chaîne d'exploitation. Un individu a encore moins de contrôle sur les utilisations secondaires de ses DP (suite à leur transfert d'un exploitant à l'autre) et, de ce fait, il peut subir des externalités négatives suite à chaque transaction portant sur ces informations [Varian, 1996]. L'exploitant initial (ou de rang inférieur) ne peut pas connaître le comportement des exploitants secondaires (ou de niveau supérieur), *a fortiori* lorsque le transfert se fait à son insu (piratage de la base de données, violation des clauses et actes non prévus dans le contrat de cession...). Un des exemples les plus frappants est la perte accidentelle par l'administration fiscale anglaise en 2007 de fichiers informatiques contenant des DP (noms des parents et de leurs enfants, adresses, dates de naissance, numéros de Sécurité sociale et coordonnées bancaires) sur 25 millions d'individus !

Si les techniques d'exclusion *ex ante* peuvent être améliorées afin d'empêcher la collecte ou le transfert de données, elles ne permettent guère de contrôler *ex post* leurs utilisations. Contrairement aux contenus musicaux ou vidéo, il semble *a priori* difficile de tracer les DP (leurs lieux de stockage, leurs transferts, leurs exploitations) en fouillant sur l'ensemble des ordinateurs d'entreprises (en supposant qu'ils soient connectés à Internet).

Des coûts de production supérieurs aux coûts de reproduction. — Les DP représentent souvent un coût de production supérieur à leur coût de reproduction. La collecte de données primaires requiert la mise en place des systèmes d'information spécifiques : saisies manuelles des données, formulaires en ligne, logiciels intrusifs, structuration de bases de données, etc., tandis que la transmission de DP peut se faire d'un clic de souris.

Or ceci peut aboutir à leur exploitation excessive. La perspective de revenus supplémentaires obtenus avec le même niveau de coûts fixes de collecte crée ainsi une incitation excessive à la revente des DP au détriment des individus auprès de qui elles sont collectées [Taylor, 2004a]. Les revendeurs n'intègrent pas *a priori* les coûts externes liés à leur activité de revente : les exploitants subséquents peuvent en effet faire subir des nuisances aux personnes sans que les revendeurs en supportent les coûts eux-mêmes.

Des défaillances de marché ?

Ces caractéristiques des DP semblent propices à des défaillances de marché, lesquelles peuvent justifier la mise en place de mécanismes correctifs. Pour autant, certains économistes comme Stigler [1980] réfutent l'existence de telles défaillances et estiment que la protection des DP réduit d'autant plus l'efficience des marchés qu'elle n'est fondée sur rien.

Les DP erronées. — Les erreurs et la péremption des DP justifieraient le droit de *privacy* en permettant d'éviter les décisions inefficientes en découlant. Par exemple, une erreur sur l'état de santé d'un individu peut conduire un assureur à proposer une prime trop élevée. Cependant, pour Stigler, les firmes ont de fortes incitations monétaires à maintenir à jour leurs bases de données : trop d'erreurs leur ôteraient toute valeur. De plus, cela justifierait davantage un droit de rectification de la part des émetteurs de ces DP que la protection en elle-même.

Néanmoins, que se passe-t-il lorsque le coût de correction est supérieur à la valeur économique de la DP ou que l'individu n'est pas incité à procéder à de telles corrections (*cf.* chapitre IV) ? Stigler estime en fait que ce cas de figure est marginal — au passage, il ne fournit aucune preuve théorique ou empirique pour étayer ses affirmations — et n'envisage pas de cas de figure comme les erreurs sur les fichiers bancaires, hospitaliers ou policiers dont les conséquences peuvent être lourdes.

La demande et l'exploitation excessives des DP. — La liberté d'exploitation des DP peut conduire à un surinvestissement inefficient des entreprises [Hirshleifer, 1971, 1980] (*cf. supra*). Encore une fois, Stigler rejette l'éventualité d'une telle défaillance de marché. La dissémination des DP se heurterait en fait à des coûts spécifiques liés à leur traitement et notamment à la détermination des informations pertinentes par rapport à des utilisations données. Ces coûts limiteraient naturellement la demande d'informations, qui se fixerait au strict minimum nécessaire pour protéger les intérêts de la partie sous-informée : les vendeurs, les assureurs, les employeurs, etc. Passé un seuil, toute DP supplémentaire générerait un coût marginal de collecte et de traitement supérieur au bénéfice marginal de son exploitation. De surcroît, une demande excessive de DP réduirait la disposition des individus à satisfaire une telle demande (leur acceptabilité). La demande de DP s'autolimiterait ainsi au niveau tout juste nécessaire pour préserver les intérêts de chacun.

Pour autant, cet argument est tout relatif. Certes, certaines exploitations comme la personnalisation de services induisent un certain investissement dans la collecte, le choix et le traitement combiné de DP, voire un risque de perte de réputation si ces DP sont jugées sensibles et leur exploitation trop intrusive. Mais tout dépend en fait des besoins effectifs des exploitants et de l'amélioration des capacités de calcul informatique et des méthodes d'analyse de données. Par exemple, l'envoi de messages commerciaux non sollicités ou la collecte de renseignements *via* un moteur de recherche sur un candidat à un emploi ne représentent pas un coût de traitement excessif. La protection légale pourrait alors jouer comme une incitation à cibler plus finement et à investir pour éviter tout risque d'erreur de ciblage (*cf. infra*).

Enfin, plus généralement, l'école de Chicago sous-estime les externalités directes engendrées par l'exploitation des DP et néglige totalement les externalités *indirectes* subies par les personnes, alors même que ces deux types d'externalités peuvent justifier des solutions correctrices comme la protection légale des DP.

Externalités directes et atteintes à la vie privée

Les économistes considèrent le plus souvent la *privacy* uniquement comme la capacité d'un individu à contrôler la collecte et l'utilisation de ses DP. Cette capacité apparaît essentielle de nos jours, car leur exploitation est souvent perçue comme une source croissante de nuisances. Toute forme d'intrusion perturbant la quiétude des personnes leur impose des coûts que le marché ne prend pas en compte.

Des externalités négatives ou... positives

Le concept d'externalité permet de formaliser le cas où un agent voit son utilité ou son profit varier sous l'effet de l'action ou de l'abstention économique d'un autre agent, alors que cet effet n'est pas pris en compte par les mécanismes de marché. En l'occurrence, l'exploitation des DP engendre des bénéfices pour la firme qui, en première analyse, ne supporte que les coûts privés de son activité et non les coûts externes reportés sur les individus à l'origine de ces ressources informationnelles.

Symétriquement, une autre manière d'envisager l'exploitation des DP consiste à se placer du point de vue de l'exploitant. Les activités des individus à partir desquelles sont produites et collectées des DP sont, pour la firme, une source d'externalités positives. La consommation d'un service (par exemple, louer une voiture) procure un bénéfice à son utilisateur (la satisfaction de se déplacer d'un lieu à un autre en voiture), mais également à l'agent qui exploite les DP personnelles ayant trait à cette consommation (utilisation à des fins commerciales des informations collectées sur le client). Ce bénéfice « externe » constitue une forme d'externalité positive lorsque l'exploitant des DP tire un bénéfice net de leur exploitation (par exemple, revente des données).

L'existence d'externalités positives peut inciter les consommateurs à limiter leurs activités dès lors qu'ils sont conscients de tels bénéfices externes mais ne perçoivent aucune compensation en contrepartie (par exemple, refuser de répondre à une enquête ou réaliser imparfaitement un test en ligne en fournissant des informations lacunaires ou erronées). Cependant, l'effet peut demeurer neutre du point de vue du bien-être collectif si, à son tour, l'exploitation des DP collectées n'affecte pas au cours du temps le bien-être des individus concernés.

Si l'on retient plutôt une analyse en termes d'externalités négatives, l'exploitation des DP peut affecter le bien-être des émetteurs de DP en leur infligeant des nuisances. Les externalités négatives se traduisent économiquement par des coûts « externes » infligés aux émetteurs. L'exploitant ne supporte quant à lui que les coûts « privés », à savoir les coûts nécessaires à l'exploitation des DP : production et maintenance d'une base de données, rémunérations éventuelles, etc.

Il faut néanmoins et bien évidemment souligner que toute exploitation des DP n'engendre pas forcément des externalités négatives. Par exemple, l'individu peut consentir à divulguer ses informations pour certains types d'exploitations auxquelles le collecteur se conforme effectivement. L'incitation de l'entreprise à outrepasser ses engagements est en fait limitée par le risque de sanction légale mais également par un effet de réputation : l'entreprise aura tendance à respecter ses engagements si son activité dépend de l'image qu'elle entend afficher auprès des consommateurs, voire de ses actionnaires, et s'il est plus ou moins aisé pour quiconque de connaître les résultats de l'exploitation des DP qu'elle effectue (*cf.* chapitre V). Dans les autres cas de figure, des externalités négatives directes et indirectes peuvent découler de la collecte et de l'exploitation des DP. La suite de cette section illustre le premier type d'externalités par un exemple emblématique : le *spamming*.

Les messages publicitaires non sollicités

Une utilisation courante des DP consiste dans la prospection directe des personnes *via* leur numéro de téléphone, leur adresse postale ou leur adresse électronique. Strictement encadrées en France, ces pratiques nécessitent l'accord préalable des destinataires, sauf si ces coordonnées sont communiquées lors d'une vente de produit ou de la prestation de services prévoyant explicitement ce type d'exploitation. Dans tous les cas, l'identité de l'expéditeur doit être mentionnée clairement, ainsi qu'une adresse de réponse exploitable afin que, le cas échéant, le destinataire puisse indiquer à l'expéditeur qu'il ne désire plus recevoir de messages de ce type (art. 33-4-1 et 33-5 du code des postes et des communications électroniques). Au-delà de ces différences juridiques, l'analyse économique permet d'évaluer leur impact économique.

Deux segments de marché distincts : marketing direct et *spamming*. — Les messages de marketing direct légal se distinguent des messages publicitaires non sollicités à différents égards. Les premiers font la promotion commerciale de produits licites, conformes aux « bonnes mœurs » ou à une certaine tolérance de la part du destinataire : ils ne proposent ainsi que rarement, sauf consentement du destinataire, des produits pornographiques ou à usage sexuel, ni ne visent à commettre des actes malveillants (renvoi vers des logiciels espions) ou des escroqueries (*phishing*). Et, surtout, ils sont généralement plus ciblés : le choix des destinataires se fonde sur d'autres DP que l'adresse de contact.

Toutefois, si les messages indésirables (notamment les spams) sont moins ciblés, ils ne sont pas pour autant envoyés de manière totalement indistincte. Ils concerneraient davantage les abonnés à Internet à titre individuel ou les personnes ayant déjà effectué des achats en ligne, les ressortissants de pays de l'OCDE ou encore les adultes plutôt que les adolescents [Hann *et al.*, 2006].

Ces différences peuvent expliquer en quoi l'envoi de messages non sollicités génère des externalités négatives plus importantes par rapport aux messages de marketing direct. Pour autant, ces deux types de prospection reposent sur un modèle économique similaire et consomment tous deux une même ressource : l'attention.

La prospection directe se fonde sur la différence entre le coût d'envoi d'un nombre important de messages publicitaires et la recette espérée liée à la transformation du message en actes d'achat. L'exploitation des adresses électroniques est devenue une stratégie marketing très répandue en raison de l'abaissement significatif du coût d'envoi d'e-mails en masse *via* des procédures automatisées. La probabilité de transformation va quant à elle dépendre du profil des destinataires et de sa proximité avec le contenu du message qui leur est adressé. La collecte de DP permet dans bien des cas d'augmenter ce taux de transformation en ciblant au mieux les destinataires et en augmentant leur acceptabilité du contenu véhiculé par le message commercial.

Cependant, pour beaucoup de produits et de services, faute de DP adéquates, il est très difficile de connaître *a priori* les préférences et de prévoir la réaction des individus recevant des e-mails. Par exemple, comment savoir s'ils consomment (et accepteraient) des stupéfiants, des logiciels contrefaits, des produits à usage sexuel, etc. ? Ou encore quel est leur niveau de crédulité face à une tentative d'escroquerie ou à un produit « miracle » ? Le *spamming* exploite typiquement ces créneaux particuliers. Certes, la probabilité de réalisation de ventes est très faible car il faut multiplier la probabilité d'atteindre ces profils par la probabilité d'une réaction positive : « se déclarer » ouvertement *via* une réponse par e-mail. Mais la faiblesse du coût d'envoi des e-mails en masse permet d'adresser le message à un nombre de destinataires suffisant pour réaliser quelques ventes dont les recettes dépassent rapidement le coût de l'opération.

Les coûts externes de la prospection directe. — La possibilité d'un tel gain associée à des frais d'envoi souvent négligeables mais également à l'anonymat de l'expéditeur explique le succès du *spamming*. Néanmoins, au-delà de cette seule pratique illégale, deux autres types de coûts doivent être pris en compte pour évaluer l'impact économique de la prospection directe.

D'une part, les destinataires d'e-mails, mais également de courriers ou d'appels téléphoniques subissent des externalités négatives : ils doivent consacrer du temps et de l'attention pour répondre, trier les messages et le désagrément perçu est d'autant plus fort que les messages sont non sollicités et sans rapport avec leurs besoins. Leur bien-être est également affecté par l'intrusion dans leur vie privée. Dans le cas de la prospection téléphonique, l'externalité provient du fait d'être perturbé et interrompu dans une activité sans que la cause de cette interruption soit elle-même une source de bien-être. L'acceptation *a priori* des messages prospectifs et le ciblage très précis de leur contenu par rapport aux caractéristiques des individus peuvent, au contraire, minimiser la gêne occasionnée en maximisant la probabilité que le message suscite un intérêt, donc compenser cette perte, voire augmenter le bien-être des récepteurs.

D'autre part, dans une moindre mesure, les entreprises subissent elles-mêmes des coûts. D'une part, pour certaines comme les annonceurs ayant pignon sur rue, le fait de recourir à la prospection directe non sollicitée, bien qu'économiquement tentant, détériorerait fortement leur réputation auprès des consommateurs. Ce coût d'opportunité restreint ainsi le champ du *spamming* à certains types de produits, de services et d'entreprises. D'autre part, en détériorant l'image globale de la publicité directe, le *spamming* nuit aux intérêts des annonceurs qui essaient de leur côté de cibler leurs communications en restant dans un cadre légal et acceptable du point de vue des consommateurs.

Un même objectif : capter l'attention. — Plus fondamentalement, toute entreprise recourant à la prospection directe (légale ou illégale) crée une externalité négative au détriment des autres. En effet, toute campagne marketing utilise un *input* essentiel : l'attention. Il s'agit d'une ressource rare : chaque individu connecté à un réseau de communication reçoit ou a accès à plus d'informations qu'il ne peut en lire et en assimiler sur un plan cognitif. La désutilité subie en raison de la multiplication des messages — en particulier la prospection « aveugle » — peut les amener à ne pas lire et à supprimer systématiquement tout message promotionnel, quelles que soient sa qualité et sa proximité par rapport à d'éventuels besoins.

Tout le problème tient ici au fait que l'attention n'a pas *a priori* de valeur marchande et donc ne peut faire l'objet de transaction ou de « prioritarisation » sur Internet, comme cela peut être le cas avec la transmission de flux de données. Un accroissement dans le volume d'informations reçues peut être d'autant plus préjudiciable qu'il se caractérise par une diminution de la valeur moyenne de l'information. La réduction du bien-être est ainsi proportionnelle à l'indifférenciation du message.

Du point de vue de l'annonceur, l'impact d'un message publicitaire sera positif si le consommateur l'identifie, y trouve *a priori* un intérêt, le consulte et y réagit positivement (sous la forme d'un achat, de la consultation du lien sponsorisé, etc.). Certes, l'attrait du message en lui-même importe beaucoup. Mais c'est la proximité du message par rapport aux besoins du consommateur qui apparaît primordiale car elle permet d'économiser de l'attention ou plutôt d'augmenter le « rendement » de l'attention. Le *spamming*,

L'économie de l'attention

La multiplication des modes de communication et d'accès à l'information a créé *via* Internet et les téléphones portables une abondance informationnelle, voire une surinformation (*information overload*) par rapport à la capacité de tri et de lecture des destinataires. À la lecture se serait substituée le fait de parcourir et d'« écrémer » cette profusion naissant des pages Web, des journaux en ligne, des blogs, des forums, des réseaux contributifs, des podcasts, des sites de partage de photos et de vidéos, etc. L'attention est devenue une ressource rare [Simon, 1971]. Ce problème se pose tout autant pour les destinataires de ces informations que pour leurs émetteurs dont les modèles économiques reposent sur la captation d'une audience, donc l'attention des utilisateurs des TIC.

Pour les sciences de l'information, l'objectif d'un bon système d'information n'est pas de fournir une information abondante et riche, mais de permettre à chacun de trier les informations les plus pertinentes face à une importante surcharge informationnelle. En marketing, la pertinence des contenus informationnels est déterminante pour capter l'attention qui constitue une étape essentielle avant même d'informer, de persuader, de susciter le désir et finalement d'amener à consommer. Certes, une bonne part du succès d'un blog ou d'un site Internet relève de phénomènes non maîtrisables comme les effets épidémiques. Mais le référencement sur les principaux moteurs de recherche ou l'attractivité de la première information affichée doivent être suffisamment différenciés pour retenir l'attention, c'est-à-dire correspondre aux attentes et susciter l'envie.

L'économie de l'attention se conçoit comme un marché avec, d'un côté, une demande d'attention abondante et sans cesse croissante et, de l'autre, une offre d'attention fixe, contrainte par les capacités intellectuelles et temporelles de chacun. Sur ce marché, les consommateurs sont plus ou moins disposés à recevoir des services en contrepartie de leur attention, sous forme de temps de consultation et d'utilisation des informations reçues. Au niveau de l'offre, l'objectif peut être de transformer celui dont on a capté l'attention en acheteur, et ce de manière directe — la vente à distance — ou indirecte — la publicité informative ou persuasive. La transformation de l'attention en valeur économique peut également se traduire en augmentation de revenus pour le fournisseur de l'information : la réputation d'un journaliste (et donc sa position dans son journal) va dépendre de l'audience de son blog. Ce gain peut être la recherche d'une reconnaissance sociale par les autres, une forme de sympathie (la consultation et le nombre d'avis positifs sur ses recettes de cuisine) ou l'échange et l'acquisition de compétences *via* des communautés de pratiques.

Pour augmenter l'efficience de ce marché, la quantité d'informations disponibles est essentielle, qu'il s'agisse des données sociodémographiques, subjectives, de navigation... Connaître le profil des utilisateurs passés ou potentiels et personnaliser le service et le contenu nécessitent de collecter des données individuelles. Ces données peuvent rester anonymes (connaître simplement le profil des internautes qui consultent le site à telle ou telle heure). Elles peuvent également devenir des DP. Auquel cas un enjeu essentiel est de permettre aux utilisateurs de contrôler leurs informations pour augmenter l'acceptabilité de leur exploitation économique. Pour établir une telle relation de confiance, différents mécanismes sont nécessaires : respect de la loi sur la vie privée, investissement dans la sécurité, adhésion à des labels de respect des DP, implication de l'utilisateur qui peut choisir quel type de messages il désire recevoir, etc.

fondé sur l'exploitation indistincte d'un stock d'e-mails, sera donc perçu d'autant plus négativement qu'il détourne de l'attention et qu'il est généralement éloigné des centres d'intérêt du destinataire. Dans cette perspective, le marketing direct nécessite de collecter des DP et de les exploiter afin de mieux cibler leur prospection.

Cependant, aussi personnalisés que soient les messages, la prospection directe rencontre deux limites importantes. La première a trait à la recherche de quiétude et d'autonomie des individus. La publicité ciblée peut se heurter aux réactions d'évitement des individus, non pas tant qu'ils considèrent le contenu informatif de la publicité comme une source de désagrément en soi, mais qu'ils la jugent intrusive. Le contenu même du message n'est pas neutre : un message adressé nominativement (« chère Madame X ») suscitera plus de réactions négatives qu'un message non nominatif mais personnalisé en fonction du profil et des goûts du destinataire [Wattal *et al.*, 2004]. Il peut également s'agir d'une volonté de maintenir une certaine autonomie de choix face à des publicités persuasives, voire agressives.

La seconde limite à la prospection directe est qu'elle engendre des externalités négatives de production entre les entreprises elles-mêmes. Petty [2000] et Van Zandt [2004] analysent la surinformation comme une externalité négative pour les destinataires des messages dont le coût de l'attention augmente et, par ricochet, pour les expéditeurs dont les messages sont ciblés en fonction des préférences des receveurs. Il analyse ce phénomène comme une forme de tragédie des biens communs [Hardin, 1968].

Les vendeurs disposant de DP vont décider combien de messages envoyer et à quels destinataires. Ce faisant, ils ont une incitation à surexploiter les DP, dès lors que les coûts fixes de collecte restent quasi identiques quelle que soit l'étendue de leur exploitation et surtout qu'ils ne supportent pas le coût que cette publicité impose aux consommateurs, en particulier lorsqu'elle est non consentie : coûts non monétaires (coût de l'attention, perte de temps liée au tri et à l'élimination, agacement, interruption dans son activité par un appel téléphonique) et monétaires (frais téléphoniques éventuels, recyclage du papier ou acquisition de filtres anti-*spamming*). Par conséquent, les entreprises surinvestissent dans le marketing ; trop de ressources sont dévolues dans la publicité, affectant le bien-être social à travers les coûts imposés aux consommateurs et la perte d'efficacité des campagnes marketing — trop d'informations nuisant à la lisibilité du message et incitant les consommateurs à ignorer ou à rejeter les messages qui pourraient les intéresser (*marketing clutter*). Cette surexploitation est finalement amplifiée par la diminution des coûts d'obtention des DP.

Cette surexploitation des DP peut également réduire la qualité des messages adressés aux consommateurs qui, en deçà d'un certain seuil de qualité moyenne, peuvent rejeter systématiquement tout message. Les stratégies de promotion excessive conduisent à une défaillance de marché (une anti-sélection) lorsque les consommateurs choisissent de ne lire aucun message étant donné la baisse de la qualité des messages [Anderson et de Palma, 2005 ; Hermalin et Katz, 2004].

Le rôle ambivalent de la protection des DP. — Toute mesure augmentant artificiellement les coûts de marketing peut inciter les vendeurs à cibler au mieux leurs stratégies de marketing direct. Pour Van Zandt [2004], la protection des DP pourrait ainsi augmenter le bien-être social en agissant à la manière d'une taxe environnementale visant à limiter la surexploitation d'une ressource. En l'occurrence, un renforcement de la *privacy* par l'établissement d'une taxe sur les sollicitations, en augmentant les coûts de la communication de messages et de la sollicitation, pourrait améliorer le bien-être en obligeant les vendeurs à spécialiser leurs efforts de marketing en sélectionnant plus précisément les consommateurs et donc en augmentant l'efficacité des messages en matière de réception et de réactions aux messages par les consommateurs. À l'inverse, la restriction légale en matière de collecte des DP limiterait la capacité des vendeurs à cibler de manière pertinente leurs messages en fonction du profil et des besoins des consommateurs. C'est la raison pour laquelle Van Zandt s'oppose à l'interdiction de la collecte et de l'exploitation des DP. À cet égard, à travers les *adware* (logiciels financés par et intégrant de la publicité en ligne), Gantman et Spiegel [2004] analysent l'arbitrage entre la perte de bien-être social en termes de réduction de la vie privée et le gain lié à des choix plus pertinents entre les produits faisant l'objet d'une publicité ciblée.

Friedman [2000] pointe également les objectifs contradictoires de la protection des DP en matière de messages promotionnels non sollicités. Pour réduire le coût externe que leurs expéditeurs font subir aux destinataires en matière d'attention, il faudrait obtenir plus de DP et donc alléger l'*information privacy* pour favoriser une collecte suffisante de DP pour mieux cibler les messages publicitaires. Les individus devraient disposer d'un contrôle efficace sur leurs DP pour être à même de décider lesquelles ils rendent publiques (afin de réduire, par exemple, les nuisances liées à la réception de messages inutiles) ou conservent secrètes (pour préserver leur *privacy* informationnelle), bref leur permettre d'opérer le meilleur arbitrage possible.

Toutefois, ce raisonnement repose sur des hypothèses somme toute contestables. Ainsi, il suppose un univers certain : comment l'annonceur peut-il être sûr que la publicité qu'il adresse à une personne (avec ou sans son consentement) n'a pas une chance, même infinitésimale, de produire l'effet désiré ? De plus, les messages publicitaires n'ont pas forcément vocation à être seulement informatifs et donc conçus par rapport à des préférences des consommateurs considérées comme fixes. La littérature sur la publicité montre qu'au contraire la publicité a une fonction persuasive, donc vocation à faire évoluer les préférences. L'exploitation des DP se conçoit moins dans un but de personnalisation que de ciblage par rapport à des catégories plus ou moins générales, ne nécessitant pas une masse importante d'informations. Nous reviendrons dans le chapitre V sur l'efficacité de la régulation en matière de protection des DP.

D'autres exemples d'externalités directes négatives

D'autres types d'exploitation de DP demanderaient à être analysés plus en détail quant à leurs effets économiques. Bien entendu, les activités illégales comme les escroqueries en ligne (*scamming, phishing*...), l'usurpation d'identité, mais également des activités légales aussi variées que le *blogging*, le *lifelogging*, le fichage, la notation des clients et le renseignement qui nécessitent une production et l'utilisation de DP. D'autres activités comme l'enlèvement de personnes, le chantage ou encore la délation exploitent majoritairement des connaissances particulières non formatées sur la vie privée des personnes observées mais peuvent recourir à l'utilisation de DP (requêtes sur des moteurs de recherche, *data mining*...). Le tableau 3 en répertorie certaines en mentionnant leur impact sur le bien-être social.

Toutes ces activités peuvent donc être à l'origine d'externalités directes négatives que la protection des DP est susceptible d'internaliser. Elles peuvent également affecter indirectement le bien-être des individus en mettant en cause leur autonomie. Se savoir

Tableau 3. **Exemples d'exploitations de DP avec externalités négatives**

Activités	Externalités négatives	Impact probable sur le bien-être social	Observations
Usurpation d'identité	– Extorsion d'argent ou d'informations privées – Immixtion dans les relations privées	Négatif	–
Enlèvement, extorsion	– Atteintes à la vie, à la santé, à la dignité…	Négatif [Shavell, 1993]	–
Délation	– Perte de réputation, humiliation, licenciement, arrestation… – (Si généralisée) climat de suspicion et perte d'autonomie individuelle	Négatif	Si informations vraies, impact positif possible pour les victimes du secret révélé par la délation
Chantage	– (En cas de succès) rétention d'informations, anxiété de la victime… – (En cas d'échec) perte de réputation, humiliation, arrestation…	Négatif [Posner, 1993 ; Shavell, 1993]	Intérêt des parties non informées (être informées) ou de la société : faire payer une personne pour un acte illégal qui autrement n'aurait pas été détecté et sanctionné [Friedman, 2000]
Fichage et surveillance policière	– Risque d'arrestations fondées sur des erreurs de saisie et de croisement entre bases de données – *Quid* si changement de régime politique ?	Ambivalent	Sécurité et contrôle des populations « à risque »
Enquêtes privées	– Révélation d'informations erronées, rumeurs – Chantage	Ambivalent	– Révélation d'informations fondées, aide à la justice…
Lifelogging (exhiber une tranche de vie sur un réseau numérique)	– Divulgation d'informations préjudiciables sur soi ou les autres (ceux qui sont filmés) – Dévalorisation de soi (inconsciemment)	Ambivalent	– Expérience positive pour la personne (expression de soi) – Gains pour l'entreprise qui l'exploite (insertion de publicité) et les tiers (accès à la vie privée des personnes filmées)

(potentiellement) observé peut contraindre nos modes de pensée et nos comportements. La vidéosurveillance constitue un exemple intéressant : conscient d'être observé, l'individu se comportera probablement différemment que s'il était anonyme ou croyait l'être, adoptant un comportement plus conforme à l'ordre public, aux bonnes mœurs, au risque de perdre progressivement une part de sa personnalité (*cf.* chapitres II et IV).

Les externalités conséquentielles

L'exploitation de DP peut consister à adapter plus ou moins finement les caractéristiques de l'offre en fonction du profil et du comportement des individus. Il peut s'agir d'une différenciation par la qualité (modification des caractéristiques des produits). C'est là un des arguments phares en faveur de la libre exploitation des DP : une adéquation plus forte des caractéristiques de l'offre aux préférences des individus augmente leur bien-être. Il peut également s'agir d'une différenciation par les prix en fonction des DP collectées sur les consommateurs. Ou encore d'autres formes de discrimination pour lesquelles la connaissance des DP affecte le coût de production de la partie non informée. Par exemple, connaître le comportement d'achat passé de consommateurs permet aux commerçants d'adapter leurs prix ou aux banques d'ajuster leurs offres de crédit. Or toutes ces formes d'exploitation peuvent créer des externalités négatives conséquentielles. Certains paieront plus cher le même bien ou le même crédit, d'autres recevront un salaire moins élevé par rapport à une situation où les DP ne seraient pas exploitables. Comment déterminer alors l'impact de ces effets redistributifs sur le bien-être social ? Pour l'analyser, deux exemples sont traités : la discrimination par les prix et la personnalisation des produits.

La discrimination par les prix et l'impact ambigu de la privacy

Une bonne partie de la littérature économique sur la *privacy* se fonde sur l'analyse de la discrimination par les prix. Une telle stratégie nécessite la collecte des DP sur les consommateurs pour en déduire leur disposition à payer (DAP) et associer cette information à chaque consommateur en particulier. Or le renforcement de la protection légale des DP entrave son effectivité. Selon Odlyzko [2003], l'érosion progressive de la *privacy* suite à la

La discrimination par les prix

La discrimination par les prix consiste généralement à vendre un produit selon des prix différents à des consommateurs distincts pour des motifs autres que des différences de coûts de production. Cette stratégie se distingue de la différenciation qui vise à donner au vendeur un contrôle sur le prix en jouant sur les différences dans la qualité des produits. Dans le cas d'un monopole discriminant, elle permet théoriquement à tous les individus disposés et aptes à payer un prix supérieur ou égal au coût marginal d'un produit donné d'y avoir accès. Elle limite ainsi la perte sociale sèche d'un monopole simple découlant de l'exclusion d'une partie de la demande solvable.

Une firme pratiquera la discrimination par le prix si elle augmente ainsi son profit. Pour cela, une première condition est qu'il existe des différences d'élasticité-prix entre au moins deux segments de la demande pour un même produit et que la firme puisse classer les consommateurs individuellement ou par groupes. Une deuxième condition est que la firme dispose d'un pouvoir de marché suffisant pour fixer des prix supérieurs au coût marginal et différents selon l'élasticité-prix des consommateurs. Enfin, troisième condition, elle doit pouvoir empêcher la revente du produit entre des acheteurs appartenant à des catégories différentes : bloquer les importations parallèles, établir des clauses anti-revente comme pour les billets d'avion, transformer un bien en service (location de voitures plutôt que vente).

On distingue trois types de discrimination par les prix :

— la *discrimination par les prix de premier degré* (discrimination parfaite) : chaque prix est fixé selon la disposition à payer maximale de chaque consommateur : la quantité vendue est socialement optimale (aucun acheteur solvable n'est exclu) et le surplus total intégralement approprié par le vendeur (nul gain à l'échange pour le consommateur), mais sa faisabilité se heurte à des coûts de transaction et au problème de révélation des préférences ;

— la *discrimination par les prix de deuxième degré* : les prix varient selon la quantité du produit achetée et non du type des consommateurs : tout demandeur fait face à la même grille tarifaire ;

— la *discrimination de troisième degré* : les prix sont fixés en fonction de l'appartenance de l'acheteur à une catégorie donnée (par exemple liée à l'âge).

La littérature sur la *privacy* se réfère à cette dernière forme de discrimination nécessitant l'obtention des DP pour délimiter aussi finement que possible les catégories d'acheteurs, en particulier la période d'achat et de lancement du produit : certains sont prêts à payer plus cher pour obtenir le produit immédiatement, ce qui incite le vendeur à fixer un prix élevé sur une première période durant laquelle se révèle cette catégorie d'acheteurs, puis à le baisser sur les périodes suivantes.

Toutefois, l'effet de cette forme de discrimination sur le bien-être social est ambigu [Varian, 1989]. Supposons qu'une firme produisant un produit à

banalisation des TIC améliorerait donc sensiblement l'efficacité de la discrimination par les prix *via* une meilleure évaluation des DAP et en empêchant les arbitrages entre catégories de consommateurs. Les TIC contribueraient ainsi à améliorer le bien-être social.

coût marginal constant (*c*) parvienne à distinguer deux catégories d'acheteurs. La catégorie 1 est caractérisée par une élasticité-prix inférieure (une disposition à payer supérieure). Le vendeur fixe deux prix P_1 et P_2 selon ces deux catégories telles que $P_1 > P_2 > c$ ou $(P_1 - c) > (P_2 - c) > 0$ (la marge unitaire est supérieure pour la catégorie 1).

Figure 1. **La discrimination par les prix**

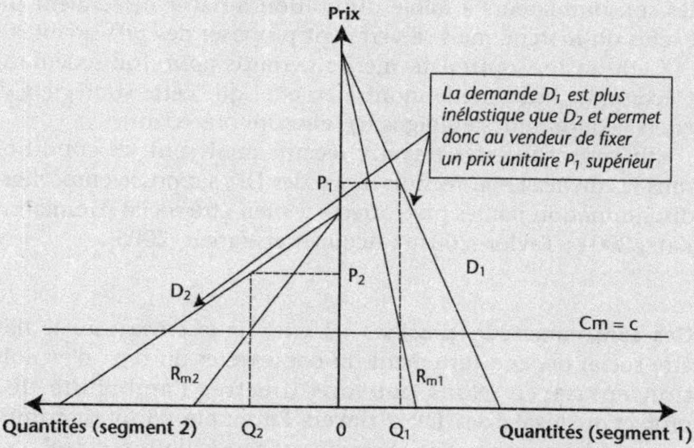

Par rapport à un monopole non discriminant, les clients à forte élasticité-prix bénéficient d'un prix de vente inférieur et accèdent au produit. C'est l'inverse pour les acheteurs à faible élasticité-prix : un effet de redistribution s'opère donc entre les deux types. Le bien-être défini par la somme des utilités des consommateurs augmentera si le gain de bien-être des acheteurs de type 2 par rapport à un monopole fixant un prix forfaitaire est supérieur à la perte des acheteurs de type 1. De plus, la discrimination par les prix peut affecter la capacité de la firme à exploiter des économies d'échelle. Cet effet peut être positif : l'exploitation de nouveaux segments peut permettre à la firme de diminuer son coût moyen de long terme et de baisser ses prix. Ou il peut être négatif : le coût marginal peut être plus élevé qu'en cas de non-discrimination et aboutir à des prix plus élevés. Enfin, une telle stratégie peut favoriser des stratégies prédatrices *via* des prix inférieurs au coût marginal pour certaines catégories d'acheteurs afin d'éliminer la concurrence pour pouvoir fixer ensuite des prix supérieurs.

Odlyzko fonde sa réflexion sur deux constats : 1) il existe un paradoxe comportemental consistant à ne pas se protéger contre les intrusions malgré une conscience des risques, mais à dévoiler sa vie contre une récompense souvent insignifiante (*cf.* chapitre IV) ;

2) les entreprises consacrent un effort massif pour collecter des DP malgré une opposition de l'opinion publique. Or leur objectif ne serait pas le marketing personnalisé (et ses dérives comme le *spamming*, à l'origine de l'opposition), mais bel et bien la discrimination par les prix afin d'extraire davantage de surplus auprès de leurs clients. Ce faisant, le bien-être social augmenterait car les consommateurs à faible disposition à payer ne seraient plus exclus du marché mais se verraient proposer des prix adaptés.

Cette vision optimiste mérite certains approfondissements. L'économie industrielle montre en effet que cette stratégie a des effets économiques ambigus (*cf.* encadré précédent).

Sur cette base, des travaux récents analysent les conditions sous lesquelles la protection légale des DP, supposée empêcher la discrimination par les prix, affecte le bien-être social [Hermalin et Katz, 2004 ; Taylor, 2004a ; Acquisti et Varian, 2005].

Des consommateurs passifs. — L'effet de la *privacy* sur le bien-être social dépend fortement du contexte et du type d'exploitation envisagée. Nous pouvons illustrer l'ambiguïté de la protection légale des DP à travers l'exemple d'une discrimination en dynamique. Cet exemple est repris d'un fait réel, celui d'Amazon.com en 2000. Supposons d'abord l'absence de réaction des consommateurs (« consommateurs naïfs ») et l'effectivité de la protection légale de la vie privée empêchant la collecte ou l'utilisation des DP.

Un vendeur décide de fixer le même prix d'une période à l'autre. Si le vendeur connaît l'élasticité-prix de la demande et qu'elle se révèle forte (la proportion relative de consommateurs à DAP faible est élevée), il fixera un prix suffisamment bas pour maximiser son profit. En revanche, s'il ne peut pas connaître cette proportion ou s'il anticipe un profit supérieur en ciblant uniquement les consommateurs à forte DAP, il fixe un prix élevé. L'effet sur le bien-être sera différent dans les deux cas en fonction de l'exclusion ou non d'une partie de la demande du marché.

À l'opposé, en l'absence de protection légale, le vendeur identifie les consommateurs selon leur DAP, par exemple en enregistrant leurs comportements d'achat passés. Sur cette base, il procède à une tarification dynamique : dans une première période, il fixe un prix « expérimental » à un niveau tel que seuls les consommateurs à DAP élevée achètent le produit, révélant en même temps les consommateurs à faible DAP. Lors de la période

Un exemple de tarification dynamique : l'affaire Amazon

Les comportements passés des internautes — achats, pages consultées... — peuvent être enregistrés et associés à un identifiant par différentes techniques : cookies, enregistrement volontaire, etc. Ainsi, les achats passés permettent de déduire la disposition à payer de chaque client identifié et les vendeurs peuvent « personnaliser » ensuite leurs prix sur cette base. En septembre 2000, Amazon.com a effectué une telle expérimentation de tarification dynamique. Les clients fidèles se voyaient proposer des prix plus élevés (jusqu'à 10 dollars de différence) pour des DVD par rapport aux nouveaux venus et aux clients non enregistrés [Streitfeld, 2000]. Cela fit scandale : la fidélité ne payait pas ! Il s'agit pourtant de l'application d'un résultat classique en économie : les premiers acheteurs sont ceux qui valorisent en général le plus le produit. Seulement, en plus d'un prix supérieur, les clients peuvent avoir également la sensation de perdre un peu de leur vie privée en se sentant observés... ce qui explique que ces pratiques de tarification dynamique ne se font jamais ouvertement par les commerçants en ligne.

suivante, le vendeur peut ainsi opérer une discrimination par les prix en fonction des comportements d'achat passés qu'il a pu identifier lors de la première période.

L'avantage est *a priori* d'inclure les consommateurs à faible DAP au cours de la seconde période. Toutefois, les effets sur le bien-être social d'une telle exploitation de DP sont ambigus. D'une part, le vendeur n'est gagnant que si le gain lié à la discrimination lors des périodes suivantes est supérieur à la réduction des recettes occasionnée par le niveau du prix expérimental en première période. D'autre part, l'effet sur le bien-être dépend de la perte de surplus des clients dont la DAP est inférieure au prix expérimental mais supérieure au coût marginal (perte sociale sèche), à laquelle il faut ajouter la perte de surplus des clients à forte DAP par rapport à une situation où l'exploitation des DP serait illégale et où la firme fixerait un prix inférieur.

Le bien-être social peut également être affecté par la revente des DP collectées par la firme. Tout dépend alors des profits qu'elle dégage ainsi, de l'effet de cette revente sur ses propres échanges avec les consommateurs — l'effet de la hausse de prix mise en œuvre pour catégoriser les consommateurs et pouvoir revendre ces DP — et des effets nets de l'exploitation des DP sur les marchés des exploitants secondaires — la part de consommateurs à DAP faible et donc l'accroissement des échanges dû à un meilleur appariement entre l'offre et la demande grâce aux DP [Calzolari et Pavan, 2006]. De plus, ce transfert affecte négativement les

L'impact ambigu d'une discrimination intertemporelle

Il est supposé que la protection légale des DP empêche les firmes d'associer chaque consommateur à sa DAP, que les coûts marginaux de production du bien et de collecte des DP sont nuls et que les achats sont répétés sur deux périodes.

Cas n° 1 : la protection des DP est optimale

Soient 2 consommateurs avec une DAP respective de v1 = 20 et v2 = 12. Sans possibilité d'exploiter leurs DP, le producteur fixe le même prix sur les deux périodes, égal à la DAP la plus basse. Son profit est de 48 = 2 × (2 × 12) à l'issue des deux périodes, soit un bien-être total de 64 en ajoutant le surplus du consommateur de type 1 sur les deux périodes, 16 = (20 – 12) × 2. En revanche, si l'exploitation des DP est légale (enregistrer les noms de ceux achetant à tel prix), le vendeur fixe dans la période 1 un prix de 20, ce qui lui permet d'identifier à la fois le type 1 et 2 du consommateur, selon qu'il achète ou non, puis, dans la période 2, de fixer deux prix p1 = 20 pour le consommateur de type 1 et p2 = 12 pour celui de type 2. Son profit sur les deux périodes est donc supérieur (52), mais les consommateurs n'ont aucun surplus de sorte que le bien-être social est inférieur par rapport à l'équilibre de *privacy*.

Cas n° 2 : le résultat inverse !

Prenons le même cas de figure que précédemment mais avec les DAP suivantes : v1 = 20 et v2 = 5. Un simple calcul montre que le résultat est inversé si le prix est fixé en fonction des consommateurs à DAP élevée : la *privacy* aboutit à un bien-être inférieur. Sans possibilité de collecte de DP, le bien-être est de 40 (soit le profit du vendeur sur les deux périodes), tandis qu'il est de 45 si la collecte est autorisée.

consommateurs s'ils subissent des externalités négatives directes de la part des exploitants secondaires. À l'inverse, la revente de DP est efficiente si ces effets négatifs sont compensés par les gains de bien-être éventuels liés à un meilleur appariement.

La prise en considération des réactions des individus. — Dans l'affaire Amazon, les consommateurs ne sont pas restés inactifs et ont mobilisé les médias. Il existe toutefois d'autres solutions comme le boycott, le report des achats, l'adoption de techniques d'anonymisation, la déclaration de fausses informations, etc., qui permettent de contourner les tentatives des firmes.

Hermalin et Katz [2006] mettent en évidence les conditions mathématiques sous lesquelles la *privacy* promeut ou non le bien-être social. Ils élaborent un modèle de concurrence imparfaite où les agents informés (consommateurs, travailleurs, assurés...), rationnels et optimisateurs, désirent stratégiquement dissimuler leurs DP afin d'éviter des actions préjudiciables de la part des principaux non informés (producteurs, employeurs, assureurs...).

Au passage, ces deux auteurs reprennent sciemment les hypothèses de l'école de Chicago pour en rejeter les conclusions. Ils supposent ainsi une stratégie de dissimulation des DP empêchant la discrimination par les prix ou l'appariement entre les besoins des industriels et les qualifications des travailleurs. Leur principale conclusion est que les effets de la *privacy* ne sont pas forcément négatifs, mais dépendent des conditions initiales retenues. En d'autres termes, la *privacy* peut souvent améliorer le bien-être social, même si elle est stratégiquement détournée par ses bénéficiaires (les individus).

Cependant, dans le modèle d'Hermalin et Katz, la réactivité des consommateurs est somme toute limitée. D'autres travaux [Taylor, 2004a ; Villas-Boas, 2004] envisagent un cadre d'analyse où les individus anticipent les exploitations de leurs DP et, pour éviter d'en subir les effets négatifs, mobilisent différents moyens. En l'absence de *privacy*, ils peuvent ainsi reporter leurs achats, communiquer des DP erronées, masquer leur identité ou la modifier au cours du temps pour ne pas dévoiler leur type et subir de prix plus élevés. Par cette réaction, les consommateurs sapent les stratégies de discrimination par les prix et de revente des DP.

À l'opposé, sous un régime de *privacy*, les consommateurs peuvent adopter un comportement totalement différent. Le vendeur, incapable de discerner les catégories de consommateurs, peut décider de ne cibler que les clients à forte DAP en fixant un prix élevé. Dans ces conditions, les clients à faible DAP ont intérêt à révéler leurs DP au vendeur pour se voir proposer un prix inférieur et ne pas être exclus du marché. Pour être crédible et surtout éviter que les consommateurs de type élevé saisissent cette opportunité pour bénéficier de prix inférieurs, cette stratégie de divulgation nécessite une procédure pour certifier l'information révélée et l'identité du client (par exemple, une carte d'étudiant).

Paradoxalement, le renforcement de la *privacy* peut donc augmenter la quantité disponible de DP et accroître le bien-être. Si, d'un côté, ce régime légal augmente le coût de collecte par rapport à l'absence de *privacy*, de l'autre, la réponse des clients à faible DAP accroît le volume de DP à un coût nul pour la firme. Si la réaction des consommateurs est suffisamment forte et si les coûts de certification de l'information sont moindres par rapport aux coûts de collecte, le régime de *privacy* aboutit à un bien-être social supérieur à un assouplissement de cette protection légale [Gould, 1980].

La réaction des consommateurs face à la revente de leurs DP. — Pour Taylor [2004b], l'impact de l'exploitation des DP sur le bien-être social dépend du type de consommateurs : anticipateurs ou naïfs, selon qu'ils anticipent ou non la revente de leurs DP. Les recettes d'une firme dépendent, outre la vente d'un produit, de la revente des DP sur ses clients. Elle sera donc d'autant plus incitée à pratiquer des prix expérimentaux (élevés) pour révéler les catégories d'acheteurs que la revente de telles données augmente ses profits. Cela suppose que les exploitations secondaires ne nuisent pas à ses intérêts, en particulier que les préférences des consommateurs pour les produits des exploitants secondaires soient indépendantes de leurs décisions d'achat auprès de la firme collectant les DP [Calzolari et Pavan, 2006].

En l'absence de *privacy* et lorsque les consommateurs sont naïfs, on retrouve les résultats précédents : les firmes sont fortement incitées à fixer des prix « expérimentaux » pour identifier les consommateurs et revendre ensuite ces DP. Cette pratique diminuera le bien-être social si la perte de surplus des consommateurs à DAP élevée n'est pas compensée par la recette des reventes. Toutefois, cette perte de bien-être peut être compensée si la demande est particulièrement inélastique : les firmes vont alors offrir des prix plus bas aux consommateurs qui n'achètent pas initialement (effet d'inclusion sur le marché).

En revanche, ces résultats changent si les individus anticipent la revente. Confrontés initialement à des prix élevés, les clients à forte DAP s'abstiennent d'acheter. Cette réaction sape le marché des DP en réduisant à néant la valeur des DP destinées à la revente. Elle rend également la demande plus élastique. Dans ce contexte, les firmes ont intérêt à adopter une charte de confidentialité les engageant à ne pas revendre leurs DP. Pour être crédible, cette stratégie peut nécessiter une réglementation imposant aux entreprises de détailler clairement la manière dont elles exploitent les DP [Akcura et Srinivasan, 2005].

Au total, les entreprises préfèrent le régime de l'« identification » (*no privacy*) lorsque les consommateurs sont « naïfs », et le régime de la confidentialité (*privacy*) s'ils sont anticipateurs. L'impact économique de la *privacy* dépend de l'élasticité-prix de la demande.

Un autre cas de figure : la possibilité de revente de données personnelles

Reprenons la logique des exemples chiffrés dans l'encadré précédent.

Le vendeur envisage à présent de revendre les DP collectées auprès de deux consommateurs dont les DAP sont de v1 = 20 et v2 = 15. Dans un régime de *privacy*, un prix de 15 donne un profit total de 60 = 2 × (2 × 15). À l'inverse, si l'exploitation des DP est autorisée, le vendeur fixe un prix de 20 dans la période 1 pour révéler le type de chaque consommateur, puis, dans la période 2, deux prix p1 = 20 et p2 = 15 pour dégager un profit de 55 (avec un surplus nul pour les consommateurs). Le bien-être social est alors inférieur et la firme n'a pas intérêt à collecter de DP, à condition toutefois que celles-ci ne génèrent pas d'autres revenus.

Néanmoins, la firme peut revendre ces DP : l'impact sur le bien-être social devient positif si le revenu de la revente est supérieur à 10. Notons que ce résultat, valable sur les deux périodes envisagées, peut évoluer au cours des périodes ultérieures selon l'utilisation des DP par les exploitants secondaires qui les auront achetées.

Adoption de technologies d'anonymat et réaction des firmes. — Les consommateurs peuvent décider de rester anonymes (adoption de technologies pro-*privacy*, effacement des cookies, utiliser des cartes de crédit différentes, brouiller la navigation, fournir des informations erronées ou différentes à chaque achat, etc.) et empêcher les firmes d'extraire leur surplus. Confrontées à de tels consommateurs « anticipateurs », les firmes peuvent réagir, à leur tour, pour faire accepter à leurs clients l'exploitation de leurs DP. Elles peuvent prendre des engagements en matière de protection des DP mais cela nécessite une certaine crédibilité et des mécanismes institutionnels complémentaires (*cf.* chapitre v).

Alternativement, les firmes peuvent déployer des stratégies pour augmenter l'utilité de leurs clients et leur faire accepter le fait d'être identifiés. Il s'agit de pratiques courantes liées à des interactions répétées : au fur et à mesure des échanges se renforcent des coûts de changement expliquant la fidélité des clients acceptant des prix supérieurs, par exemple par la mise en place de programmes de fidélisation (coupons de réduction, offres promotionnelles...). De même, un commerçant, en fonction des habitudes de ses clients, leur fait des cadeaux, entretient une discussion... ; un patient est fidèle à son médecin qui diagnostique selon la connaissance accumulée de son patient ; etc. Les entreprises, en enregistrant automatiquement les comportements passés de leurs clients (navigations, achats...), peuvent également réduire les coûts de recherche supportés par les clients : recommandations, informations de paiement et de livraison préenregistrées (*one-click shopping*). Ce surcroît d'utilité peut amener le consommateur à accepter la perte de vie privée.

Acquisti et Varian [2005] proposent une modélisation de ces différentes réactions des consommateurs et des firmes. Les firmes collectent des DP (comportements d'achat passés) non seulement pour discriminer par les prix (procédure de prix expérimentaux, *cf. supra*), mais également pour personnaliser leurs offres en les associant à des services complémentaires. Ainsi, elles augmentent le coût d'opportunité de l'anonymat et dissuadent les consommateurs d'adopter des technologies pro-*privacy*.

Deux cas de figure sont envisagés. Soit les consommateurs sont « myopes », auquel cas une stratégie classique de discrimination dynamique est appliquée et l'on retrouve les résultats mentionnés plus haut. Soit les consommateurs sont « sophistiqués » et tentent systématiquement d'empêcher les stratégies de discrimination par les prix. La firme a deux possibilités : elle abandonne toute tentative de discrimination ou bien elle réagit en augmentant la valeur de son offre. Le premier cas de figure selon Acquisti et Varian n'expliquerait pas les investissements et le *lobbying* actuel des entreprises pour pouvoir exploiter les DP de leurs clients.

Dans ces conditions, lorsqu'elle est praticable et aboutit à des services à valeur ajoutée, la discrimination intertemporelle serait préférable à la fixation d'un prix forfaitaire élevé. Par conséquent, un régime juridique autorisant l'exploitation des traces de navigation des consommateurs serait socialement optimal.

Les données personnelles comme ressources « productives » : la personnalisation des produits

L'exploitation des DP peut créer des externalités conséquentielles autrement que par la discrimination par les prix. Ont déjà été évoqués les cas du marché du travail, du prêt et de l'assurance où l'utilisation non contrainte des DP peut augmenter leur productivité [Stigler, 1980]. Toutefois, si l'employeur, la banque ou l'assureur préfèrent connaître les qualifications des travailleurs, la solvabilité des emprunteurs ou le comportement des assurés, un arbitrage existe entre les bénéfices d'un meilleur appariement des ressources productives et le risque de surinvestissement dans la collecte de DP au détriment des intérêts des individus et de leur vie privée [Hermalin et Katz, 2004 ; Taylor, 2004b]. Nous allons aborder ici un autre exemple : la personnalisation de l'offre, très souvent mise en avant comme l'un des bienfaits majeurs de l'utilisation des DP.

Les stratégies de personnalisation. — Une firme peut ainsi créer des versions de ses produits selon les préférences ou les besoins potentiels affichés explicitement ou non par ses clients. Ainsi, les fonctionnalités (caractéristiques physiques, droits d'utilisation...) d'un même produit seront définies différemment. Elle peut également adjoindre des services personnalisés à son offre (conseils). La personnalisation concerne ainsi une diversité de biens et de services : biens informationnels, polices d'assurance, prêts bancaires et autres produits financiers... mais également des produits physiques comme du matériel informatique, des chaussures de sport, des automobiles, etc. Elle répond le plus souvent à une logique de sur-mesure de masse plutôt qu'à une individualisation stricte.

Sackmann, Strüker et Accorsi [2006] distinguent trois formes de « personnalisation » :

— les *services personnalisés* fondés sur l'exploitation de DP permettant une communication *one-to-one* : recommandation de produits selon les achats passés ou la navigation sur Internet, facilitation des achats à partir d'informations volontairement fournies par les clients ;

— les *services individualisés* ne nécessitant pas d'identification mais des données de contexte : un site de partage de contenus vidéo associant une publicité pour une marque de voitures à toute vidéo portant sur le thème de l'automobile ; une recommandation affichée automatiquement à partir d'un panier d'achats enregistré *via* un cookie sur un site de vente en ligne ;

— les *services universels* accessibles à chacun et reposant sur des données individuelles émises et utilisées par les individus eux-mêmes (commentaires postés sur des forums) ou des fonctionnalités individualisables (recherche personnalisée sur un moteur de recherche) : chaque utilisateur se sert du service en fonction de ses besoins à un moment donné.

La personnalisation peut être « passive » — le fournisseur prend l'initiative d'adapter son offre en fonction des DP —, « active » — l'utilisateur sélectionne les caractéristiques du produit à partir d'une liste prédéfinie et selon ses besoins — ou

« interactive » — le produit est codéfini ou coconstruit par le fournisseur et l'utilisateur.

Certains services hybrident ces différents mécanismes (les services associés aux réseaux sociaux en ligne), mais tous visent à construire des relations singulières avec les clients, réduire la distance entre la qualité des offres et les préférences des consommateurs, accroître leur satisfaction (et donc leur disposition à payer ou à accepter de la publicité...) et, plus stratégiquement, créer des situations de *lock-in* en augmentant les coûts de changement d'offres (*switching costs*) pour les individus (acquisition de compétences et habitudes d'utilisation du service personnalisé).

Dans ce dernier cas, les individus peuvent subir des prix plus élevés en raison des coûts qu'ils subiraient en cas de changement de produit ou de service. Si la qualité du service personnalisé ne compense pas cette perte de bien-être, l'exploitation des DP a un impact négatif. D'autres effets négatifs peuvent également surgir : la firme collectant des DP pour personnaliser son offre peut être tentée de les exploiter ou les revendre pour des usages préjudiciables pour les consommateurs comme l'envoi de spams ou la discrimination par les prix (*cf. supra*).

***Versioning* ou discrimination par les prix ?** — Bien souvent, la création de versions répond davantage à la volonté des firmes d'augmenter leurs profits au détriment de la qualité des produits. Ainsi, les stratégies de *versioning* consistent à dégrader volontairement la qualité des produits pour créer des versions abordables pour les consommateurs à faible DAP et, au-delà, permettre à la firme de s'approprier une partie du surplus des consommateurs à forte DAP [Varian, 1997]. Le *versioning* serait certes une solution supérieure à la fixation d'un prix unique, laquelle peut exclure une partie de la demande solvable, mais inférieure à la discrimination par les prix.

Or l'érosion de la *privacy* avec la diffusion des TIC constituerait une opportunité, selon Odlyzko [2003], pour mettre en place des stratégies de discrimination par les prix *via* la collecte et le traitement automatisé des DP permettant de déterminer finement les goûts et DAP des consommateurs. Jusqu'à présent, l'impossibilité de collecter des DP aurait été la raison de stratégies moins optimales de la part des firmes, telles que le *versioning* et la dégradation volontaire de la qualité des produits. C'est le cas par exemple de l'imprimante LaserPrint série E d'IBM dont la vitesse d'impression fut bridée électroniquement. Ces pratiques qualifiées de *damaged goods* représentent ainsi un coût à la fois pour le producteur (créer des procédures de détérioration de qualité) et pour les catégories d'acheteurs à faible DAP qui les subissent.

La réduction de la *privacy* et l'exploitation croissante de DP se justifieraient finalement davantage pour rendre possible une discrimination par les prix, supposée ici socialement plus bénéfique, qu'une personnalisation des biens et des services.

L'étendue optimale des stratégies de personnalisation. — Jusqu'où peut aller l'individualisation d'une offre ? Si l'un des avantages de la discrimination par les prix est d'étendre la production au-delà d'un certain seuil pour exploiter des économies d'échelle, et de baisser les coûts de l'entreprise, qu'en est-il avec la discrimination par la qualité (personnalisation) ?

Wathieu [2004] envisage l'impact de la protection des DP sur le coût et la variété de production. Une firme désire personnaliser son offre et la valoriser en effectuant du marketing direct face à des consommateurs aux préférences hétérogènes. Sans DP, elle ne peut segmenter la demande et doit supporter des coûts publicitaires pour adresser son offre à chaque consommateur. Ces coûts sont répétés pour chaque version de produit que le vendeur veut commercialiser. En revanche, s'il dispose de DP sur les consommateurs, il peut distinguer les consommateurs selon leur type et réduire significativement les coûts publicitaires en ciblant précisément les messages. Dans un tel cas de figure, un régime de *privacy* serait non optimal.

Cependant, un autre facteur doit être considéré : l'existence de rendements d'échelle. Avec des DP, le vendeur économise certes sur ses coûts de publicité mais si son activité est à rendements croissants, il risque d'offrir une variété de production excessive. La personnalisation abaisse le niveau de production et donc augmente le coût de production pour chaque segment identifié. Les consommateurs subissent une externalité négative sous la forme d'un prix supérieur par rapport à un régime où leurs DP ne sont pas exploitables. Cette exploitation insuffisante des économies d'échelle pénaliserait notamment les consommateurs à faible DAP qui seraient exclus, et réduirait le surplus des autres. Dans ce cas, la *privacy* augmenterait leur bien-être.

Pour conclure, la plupart des modèles évoqués dans ce chapitre différencient les consommateurs selon leur sensibilité face à la protection de leur vie privée. Pour autant, ces approches n'expliquent ni la formation de ces préférences, ni les comportements observés. Or une telle analyse est essentielle pour expliquer les réactions des individus et évaluer l'efficacité des politiques dans ce domaine. C'est l'objet des chapitres suivants.

IV / Les comportements en matière de vie privée sont-ils rationnels ?

« Savez-vous que le meilleur moyen de dissimuler, c'est de dévoiler jusqu'au bout ? »

Sergueï Eisenstein, *Mémoires.*

L'objectif de ce chapitre est d'envisager à quelle forme de rationalité obéissent les comportements individuels en matière de vie privée. Cette question est traitée sous deux aspects complémentaires : l'identité et l'exposition de soi. Le premier aspect concerne la manière dont les individus gèrent, de manière plus ou moins autonome, leur vie privée, tandis que le second porte sur le paradoxe de la surexposition de soi — par exemple, raconter des aspects très intimes de sa vie sur un blog personnel — en montrant notamment que cette attitude répond à une certaine rationalité.

Autonomie et préservation de l'identité

La vie privée ne peut être réduite au secret ou à la recherche de la quiétude [Hirshleifer, 1980]. Elle recouvre d'autres aspects renvoyant à l'autonomie et aux stratégies individuelles visant à s'émanciper par rapport à la pression sociale exercée par les autres *via* l'intrusion, la surveillance et le contrôle. L'autonomie est un concept clé de la philosophie politique et, en particulier, du libéralisme (*cf.* chapitres I et II).

Individuelle par essence, elle est attachée à une personne et non à un groupe d'individus (auquel appartient celle-ci), ni aux institutions, traditions, etc. servant de règles pour le fonctionnement de ce groupe. La vie privée peut ainsi s'exprimer publiquement à travers l'affirmation de son identité par rapport aux autres, dont le regard et le jugement, mais également les réactions, contraignent la marge d'autonomie individuelle. Nul n'est ainsi totalement indépendant des structures auxquelles il appartient ou avec lesquelles il interagit. Celles-ci forment et exercent une influence fondamentale sur les modes de raisonnement — ne serait-ce qu'à travers le langage qui est un produit social — et de décision tout au long de l'existence. L'autonomie est la capacité à s'abstraire plus ou moins de ces structures, à soumettre à un jugement plus ou moins critique les valeurs qui les irriguent et, le cas échéant, à agir conformément ou non à celles-ci. Comment formaliser ce comportement et ces contraintes ?

Autonomie et identité sociale

Selon le sociologue Demeulenaere [2002], deux variables sous-tendent la gestion de la vie privée : d'une part, la *capacité de contrôle d'un individu sur une action donnée* et, d'autre part, la *capacité à garder secrètes ou non ses actions*. Les capacités effectives d'action individuelle dépendent des limites imposées par l'entourage social à travers les interactions individuelles, donc du pouvoir de l'individu sur son environnement social. De plus, toutes les actions relevant de choix personnels et de la vie privée ne sont pas tenues secrètes : le choix de son compagnon, le nombre d'enfants qu'un couple décide d'avoir, les loisirs, les destinations de vacances, etc. L'autonomie renvoie ainsi à ce qui peut être ou non divulgué ou effectué ouvertement (*cf.* chapitre I).

L'identité sociale d'un individu dans un contexte donné peut paraître difficile à remettre en cause et à dépasser (appartenance à une religion ou à une culture ethnique, par exemple). Il est parfois ardu de ne pas s'identifier et appliquer les valeurs d'un groupe dont les caractéristiques imprègnent fortement notre identité et/ou dont il est quasiment impossible de se séparer. Est-ce à dire que l'autonomie serait l'apanage d'une certaine élite plutôt « cosmopolite », mobile et occidentalisée ? En fait, l'autonomie ne nécessite pas que les gens soient capables de s'écarter totalement des valeurs et des pratiques culturelles ou des connexions à des groupes de référence, ni même de pouvoir toutes les évaluer de manière critique. Il faut davantage être capable de rejeter explicitement ou intérieurement, selon les contraintes sociales et les risques éventuels de réactions hostiles, ce qui ne serait pas conforme à son système de valeurs morales et à ses objectifs [Meyers, 2000 ; Kymlicka, 1997].

Figure 2. **L'espace des choix individuels et de l'intime**

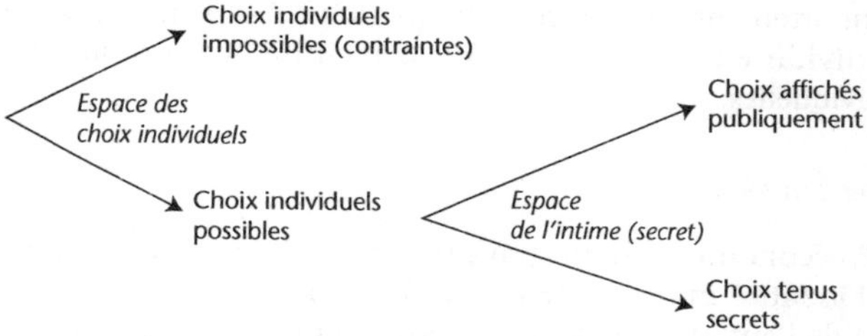

De même, l'autonomie, ainsi que les modifications de notre identité qu'elle peut requérir pour être effective se heurtent à certains aspects permanents et inaltérables de la personne : l'apparence physique, l'intégration de certains usages coutumiers, etc. Être autonome devient ici l'aptitude à changer les aspects de soi-même auxquels on ne peut pas (ou plus) s'identifier, pour lesquels on ressent, après réflexion, une aliénation [Christman, 2001]. Dès lors que certains aspects privés d'une personne sont ressentis comme autant de contraintes imposées par les autres (l'entourage, l'État, la collectivité), mais qu'elle ne peut pas les altérer, alors elle n'est pas autonome.

Toutefois, dans bien des circonstances, ces changements, reflets de l'autonomie individuelle, ne peuvent être affichés ouvertement en raison des réactions négatives qu'ils pourraient susciter et, sur un plan psychologique, de l'anxiété subie par l'individu : être ouvertement homosexuel ou consommateur de stupéfiants dans beaucoup de pays équivaut à une mise à mort ou à un emprisonnement et la condamnation morale ou juridique impose un écart plus ou moins supportable entre l'identité affichée et les préférences réelles d'un individu. La vie privée dans sa dimension du secret devient primordiale pour pallier ce manque d'autonomie face au regard des autres.

De manière générale, la vie privée ne se conçoit qu'à travers le prisme de la vie en collectivité. Des multiples liens sociaux (famille, amitié, travail…) naissent des frictions, des empiétements entre les

« espaces » de chacun, qui résultent en une moindre liberté d'action, des nuisances et des ressentis. En particulier, préserver une zone d'intimité faite de secrets garantit une certaine autonomie de pensée et de comportement. La gestion de la vie privée est alors un moyen de forger une personnalité et non pas de modeler un comportement reproduisant les représentations et comportements des autres. Elle participe à la singularisation de l'individu en société, donc à son identité et à son autonomie individuelles.

Gérer son identité sociale

En économie, certains travaux ont traité directement du thème de l'identité individuelle et sociale et, à travers eux, de la question de l'autonomie. Akerlof et Kranton [2000] proposent d'intégrer l'identité comme argument supplémentaire à une fonction d'utilité individuelle. Sen [1985], pour sa part, transforme le cadre néoclassique en proposant une théorie du comportement individuel fondée sur la notion d'engagement (*commitment*) au sein du groupe social d'appartenance. Kirman et Teschl [2004], de leur côté, abandonnent la perspective néoclassique pour une approche de la complexité visant à analyser les comportements individuels dans les réseaux sociaux où les individus font partie de groupes différents, non seulement pour se conformer à un ensemble donné de règles ou d'actions propres à leur environnement social, mais également parce qu'ils savent que leur participation va avoir un effet sur leurs caractéristiques individuelles.

Nous nous concentrons ici sur l'exposition du modèle proposé par Akerlof et Kranton qui, bien qu'ayant été critiqué sur ses hypothèses et sa portée explicative, nous semble une illustration intéressante de la manière dont la gestion de la vie privée peut être formalisée en économie. Il ne s'agit pas tant de traiter de la manière dont les individus forgent leur identité à travers leurs interactions que de comprendre comment ils parviennent à la préserver et donc à conserver une forme d'autonomie face aux différentes pressions exercées par leur environnement social.

Pourquoi l'identité compte-t-elle en économie ? — Le choix de son identité par un individu influence son comportement en posant des limites à son autonomie et en affectant son bien-être. Bien sûr, nul ne peut « choisir » toutes ses caractéristiques individuelles — masquer ses caractéristiques physiques dans une relation en face à face, son niveau d'études à travers la communication avec les autres, etc. —, mais il est possible d'afficher plus ou moins ouvertement son identité. Par exemple, retirer son alliance, certains bijoux, mettre une cravate ou non, adopter un langage plus soutenu, etc. Dans certains cas, la préservation de son identité conduit l'individu à adopter un comportement contre-productif ou contraire aux intérêts d'autres individus dont l'identité est différente.

L'identité est à la source d'externalités spécifiques, liées aux interactions sociales. L'affichage d'une identité donnée peut représenter un message, interprété positivement ou non, et susciter des réactions favorables ou non. Par exemple, une robe est un symbole de féminité et en porter une peut représenter pour un homme un choix identitaire, mais être conçu dans nombre de pays comme une externalité négative, comme une menace sur l'identité des autres hommes provoquant des réactions, elles-mêmes sources d'externalités négatives : refus d'embauche, moquerie, agressivité homophobe... À l'inverse, porter un pantalon pour une femme dans certains pays équivaut à la prison !

En outre, les préférences qui forment initialement une identité peuvent évoluer au cours du temps sous l'action des « autres » : marketing, mode, pressions de l'entourage, école, politiques publiques, etc. Cela crée des incitations à développer des stratégies de manipulation visant à susciter ces changements dans l'identité des individus. La manipulation a ainsi des incidences positives ou négatives sur le bien-être social. Par exemple, la promotion de normes de consommation « verte » peut prescrire des comportements visant les jeunes générations qui affichent alors un comportement plus respectueux de l'environnement, contaminant à leur tour leur entourage plus âgé.

L'identité en vient ainsi à recouvrir un ensemble de décisions ayant des incidences économiques sur le bien-être des individus en jouant sur leur vie privée tant au niveau de la gestion de l'intimité qu'à celui de l'autonomie.

Modéliser l'influence de l'identité sur le comportement individuel. — Les individus, en choisissant leur identité sociale, peuvent réagir contre les tentatives de manipulation des autres. Pour analyser cela, Akerlof et Kranton développent une fonction d'utilité dont les arguments intègrent l'identité de l'individu. Ce faisant, ils reprennent les apports de la psychologie sociale en tentant de les intégrer dans une modélisation économique du comportement individuel supposé rationnel et hédoniste.

La fonction d'utilité de l'individu j est donnée par $U_j = U_j$ (a_j, a_{-j}, I_j). Elle dépend, d'une part, de ses actions a_j et de celles des autres a_{-j}. a_j et a_{-j} déterminent le niveau de consommation de j et permettent de rendre compte des externalités.

Elle dépend, d'autre part, de l'identité de j donnée par $I_j = I_j$ (a_j, a_{-j} ; c_j, ε_j, P). L'identité décrit à la fois l'image de soi et les catégories attribuées pour chaque personne j. Elle est déterminée par la catégorie c_j de j attribuée parmi l'ensemble des catégories sociales C hiérarchisées selon le statut social auquel chacune est associée. La fonction I(.) suppose ainsi qu'une personne associée à une catégorie sociale correspondant à un statut social plus élevé bénéficie d'une image plus positive. De plus, une personne faisant partie d'une catégorie sociale donnée obtient un bénéfice lorsque ses propres caractéristiques ε_j correspondent à l'idéal de sa propre catégorie tel que défini par l'ensemble des prescriptions P indiquant le comportement adéquat pour les personnes dans les différentes catégories sociales et dans les différentes situations envisageables. P définit donc un idéal-type en termes de caractéristiques pour chaque catégorie. L'identité dépend enfin de la correspondance des actions de j et de celles des autres avec les comportements prescrits par P. Notons toutefois que, à plus long terme, aucune catégorie sociale ou prescription n'est universelle : les actions individuelles peuvent faire évoluer P et C.

La variation de l'utilité due à I_j est donc conçue comme un gain ou une perte de bien-être dû à l'identité. En d'autres termes, l'individu peut, au-delà de ses actions (a_j), choisir, plus ou moins consciemment, son assignation c_j à une catégorie sociale donnée afin de maximiser son bien-être.

Quelques illustrations. — Concernant d'abord les actions individuelles exerçant un effet sur l'utilité *via* l'identité, Akerlof et Kranton citent l'automutilation, le tatouage, la circoncision... Nombre d'actions sur soi marquent l'appartenance à une catégorie sociale et peuvent avoir pour finalité la recherche d'un bénéfice. Par exemple, la chirurgie plastique permet d'améliorer son image physique en fonction des canons prédominants pour trouver des partenaires ou simplement séduire. D'autres actions peuvent toucher au choix du métier (être pompier peut correspondre à la réelle identité d'une femme), au don à une institution caritative (choisir une institution précise peut renforcer son identité et procurer un bénéfice au donateur), aux défis sportifs (améliorer l'image que l'on a de soi-même et que l'on donne aux autres), etc. Sur Internet, cela peut passer par le choix d'une photo qui n'est pas la sienne, mais qui correspond mieux à sa personnalité.

S'agissant ensuite des actions des autres pouvant affecter l'utilité *via* l'identité, les auteurs citent la mutilation exercée par les autres contre son gré ; les insultes et la calomnie ; le genre et le métier : l'entrée de femmes dans certaines professions (la gendarmerie) peut poser un problème identitaire pour les hommes entraînant des réactions de rejet ; etc. Sur un forum, le fait de ne pas adopter les codes de langage spécifiques, ou, sur un réseau P2P, le fait de ne pas contribuer peut entraîner un rejet de la part des autres.

De son côté, le choix d'une identité influence l'utilité dans bien des situations : porter un signe religieux ; être cynique en public ; s'habiller en noir... peuvent permettre de se conformer à une image de soi et de la conforter ou non, générant de l'anxiété, un sentiment de culpabilité, etc. Toutefois, dans bien des cas, ces « choix » d'identité sont limités : l'apparence physique, la façon de parler, les coutumes, les lois, etc. peuvent contraindre fortement, voire empêcher le changement d'identité.

Enfin, dans d'innombrables situations, la création et la manipulation des catégories sociales et des prescriptions comptent. La publicité use beaucoup de ce principe : par exemple, la stratégie de Marlboro a reposé pendant longtemps sur une image archétypale de la masculinité. Un autre exemple est celui de l'élévation dans la hiérarchie universitaire : obtenir une chaire professorale peut occasionner un changement dans l'identité de la personne dont la perception de soi s'élève parfois au-delà des cieux... La manipulation d'une personne (l'inciter à travailler plus en gagnant autant) peut ainsi passer par un simple changement de statut social ou professionnel. D'autres exemples sont également éclairants, comme l'identité politique : un de résultats de la Révolution française a ainsi été la transformation des sujets en citoyens.

Choix d'une activité et identité sociale. — L'objectif du modèle d'Akerlof et Kranton est de déterminer le niveau d'utilité retirée par le choix d'appartenance à une catégorie sociale donnée. Tout individu a le choix entre deux activités 1 et 2, mais a une préférence absolue pour une activité donnée : il obtient une utilité $V > 0$ s'il choisit cette activité et 0 sinon.

Que se passe-t-il à présent si l'on intègre des préférences fondées sur l'identité ? Supposons qu'il n'existe que deux catégories sociales (les catégories Rouge et Vert) et qu'une prescription sociale veuille que tout individu membre de la catégorie Vert doive choisir l'activité 1 (une femme, devenir sage-femme et non gendarme...) : quiconque choisirait l'activité 2 ne serait pas un vrai « Vert » et perdrait son identité en effectuant un tel choix, ce qui induirait une réduction de son bien-être correspondant à I_s (*s* pour « soi »).

Il faut également prendre en compte les externalités négatives. Soit deux individus A et B en interaction et appartenant à la catégorie Vert. A a une préférence pour l'activité 1 et B pour l'activité 2. Le choix de l'activité 2 par B entraîne une diminution de l'identité Vert de A, soit I_o (*o* pour « autre »). Il s'agit de son anxiété liée à la violation de la prescription sociale à laquelle A a adhéré et que, par son choix, B conteste et, éventuellement, met en péril. Un tel choix contrariant A peut également entraîner une réaction de B pour restaurer son niveau initial d'identité. Cette riposte coûte alors *c* à A (par exemple, passer du temps à informer et dénigrer B au sein du groupe social) et cause une perte de *L* à B (par exemple, subir reproches et attitudes hostiles de la part de son groupe social d'appartenance).

On obtient l'arbre de décision suivant où A choisit en premier et rationnellement toujours l'activité 1 conformément à la prescription en vigueur pour les « Vert ». Ce jeu donne quatre équilibres possibles :

1) B adopte l'activité 1 lorsque A est incité à empêcher B de s'engager dans l'activité 2, c'est-à-dire si $c < I_0$ (le coût de la riposte est inférieur à la perte identitaire liée à l'action de B) et B est désincité à s'engager dans l'activité 2, c'est-à-dire si $I_s < V < I_s + L$ (la perte de bien-être *L* occasionnée par la réaction de A est dissuasive car supérieure au gain *V*).

2) B ne s'engage pas dans l'activité 2, quelle que soit la réaction de A, si $I_s > V$ (il subit une perte dans les deux cas de figure inhérente à ce choix).

3) A réagit mais sa riposte ne dissuade pas B de s'engager dans l'activité 2 si $c < I_0$ et $V > I_s + L$ (la riposte de A n'entraîne pas de perte nette pour B).

4) A ne réagit pas et B s'engage dans l'activité 2 lorsque $c > I_0$ et $I_s < V$.

Figure 3. **Choix d'une activité et identification sociale**

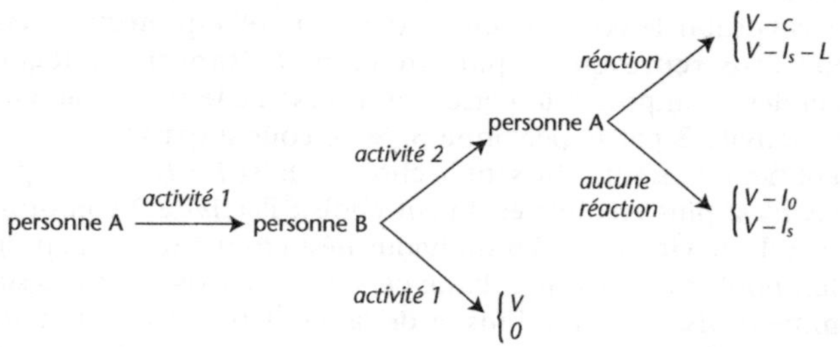

De notre point de vue, même si les deux auteurs ne considèrent pas la question de la *privacy*, leur modèle fournit une première analyse, peut-être trop rudimentaire, de la capacité à être autonome, à mettre en avant et imposer ses choix de vie face aux autres. Un individu est d'autant plus autonome que la perte (réelle ou psychologique) subie à cause de la pression sociale (L) est faible et que les coûts supportés par les autres (représentés par la personne A dans le modèle) dans le but d'exercer un contrôle sur lui (pour orienter son style de vie) sont élevés. Ici, c peut représenter les coûts d'organisation de la pression physique ou morale pour forcer un individu à se conformer à des règles de vie non conformes à ses préférences et L la perte qu'il subit si la pression est effectivement organisée à son encontre.

Prenons un exemple : l'usage du téléphone portable en Chine [Linshan et Thireau, 2005]. La pression sociale y est si forte que ne pas être inséré dans un réseau relationnel est suspect. Les individus, pour maintenir leur image, mettent alors en place des stratégies : une migrante se fait appeler par des services de messagerie automatisés lors des repas de midi pris avec ses collègues de travail. C'est que ne pas recevoir d'appels sur son téléphone portable est louche : une jeune femme quitte son prétendant car il ne reçoit pas d'appels en sa présence... Autre exemple et autre contexte : celui de Facebook où des entreprises proposent pour quelques centaines de dollars d'acheter des « amis » à ajouter à son réseau social en ligne. Ou encore la généralisation de la vidéosurveillance qui peut amener des individus se sentant observés à adopter des comportements conformes aux normes sociales et lois en vigueur mais non à leurs préférences.

Comment évaluer les effets de la protection légale de la vie privée ? — Ces règles visent à garantir la possibilité de mener sa vie sans subir le contrôle des autres. Une telle protection légale peut être représentée par un coût T (sanctions légales, amendes...) imposé à la personne A lorsqu'elle riposte au choix de l'activité 2 par la personne B. Si ce coût surpasse le gain net qu'obtient A en infléchissant le choix de B (si $T > I_0 - c$), la riposte de A n'est plus crédible et B peut choisir l'activité 2 conforme à son style de vie. Ainsi, des individus hésiteront à tenir des propos homophobes à l'encontre d'une personne s'il existe des lois suffisamment dissuasives (à l'instar de la législation anti-discriminations en France). La personne peut alors mieux vivre son homosexualité en se sachant protégée par la loi.

Toutefois, dans d'autres situations, cette politique peut se faire aux dépens de la personne A et de la collectivité. La politique inverse est alors envisageable, à savoir imposer une sanction à l'encontre de ceux qui exercent l'activité supposée (ou réellement) préjudiciable aux autres ou ne respectant pas la prescription majoritairement admise dans un pays. Par exemple, proscrire l'inceste si la personne a de telles préférences ; interdire l'exercice d'une religion dans un pays dominé par une autre religion ; ou encore réprimer une opinion politique contraire aux mœurs dictatoriales locales... Dans ce cas, la condition d'efficacité d'une telle politique est donnée par $T > V - I_s - L$ (cas de figure où la riposte de la personne A n'empêche pas la personne B de s'engager dans l'activité non conforme) ou $T > V - I_s$ (cas de figure où la personne A ne riposte pas et la personne B choisit de s'engager dans l'activité non conforme).

Enfin, une autre forme de politique peut consister à influencer la prescription elle-même et, à travers elle, faire varier I_s et I_0. Une campagne de prévention ou de dénigrement (fondée sur une information ou une désinformation) peut consister à condamner ou, au contraire, à revaloriser l'activité non conforme et à produire ainsi une adhésion plus forte ou moins forte à la prescription (initialement) dominante.

Le modèle d'Akerlof et Kranton rencontre évidemment certaines limites. Par exemple, les catégories sociales sont supposées construites par les individus. Or il est tout aussi bien concevable qu'elles soient façonnées par le discours politique ou le travail scientifique. De même, les auteurs sous-estiment certains processus interactionnels entre les individus et, de manière plus fondamentale, ils n'associent l'identité personnelle qu'à une seule identité sociale. Or un individu peut avoir des identités sociales multiples qui sont toutes reliées simultanément à son identité individuelle. Un individu peut donc effectuer également des choix entre des identités sociales, qui ne sont pas réductibles au choix entre des activités visant à préserver une identité sociale donnée (question sur laquelle se concentre en fait ce modèle).

Un prolongement intéressant serait d'intégrer dans cette modélisation des hypothèses supplémentaires et enrichissantes comme la possibilité de manipulations de la part de l'individu B vis-à-vis des autres : par exemple, la possibilité d'adhérer à d'autres catégories sociales pour augmenter son niveau d'utilité.

La surexposition de soi sur les réseaux numériques

Différentes approches tentent d'expliquer l'exposition de soi, les pratiques de divulgation d'informations personnelles par les individus eux-mêmes, que ce soit à travers les *reality shows* télévisuels, le *blogging*, les réseaux sociaux en ligne, etc. La sociologie a ainsi produit un certain nombre de travaux : pour les réseaux sociaux en ligne, citons l'étude récente de Granjon et Denouël [2010] sur la mise en visibilité de soi et l'impudeur qui, loin d'être une attitude naïve et irréfléchie, répondrait à une logique de construction positive de son identité.

Cette section se penche sur l'analyse économique de l'exposition de soi sur Internet et des risques inhérents. En effet, les attitudes et le comportement des personnes interrogent les hypothèses de la rationalité parfaite : si, dans les enquêtes, les individus ont une conscience aiguë des menaces pesant sur leur vie privée et donc une préférence marquée pour la protection des DP, ils n'hésitent pas dans les faits à raconter par le menu les détails les plus intimes de leur vie en contrepartie de compensations le plus souvent symboliques. Faut-il alors mettre en place des mécanismes techniques ou légaux pour protéger la vie privée ?

Nous avons vu qu'il existe un marché de la *privacy* avec, d'un côté, une demande (une préférence pour la vie privée) qui ne s'exprime pas et, de l'autre, une offre riche et bien souvent gratuite de technologies de protection de la vie privée. Ce marché est donc quasi inexistant, alors même que le marché des DP est florissant et engendre des effets négatifs qui devraient stimuler le développement du premier (*cf.* chapitres I et III). Ce blocage peut s'expliquer par les offreurs qui seraient incapables de valoriser suffisamment les multiples solutions techniques de protection. Mais une autre explication, plus plausible, tient au comportement des individus à la fois sur le marché de la *privacy* et celui des DP. Sur l'un, ils n'adoptent guère les technologies pro-*privacy*, pourtant bien souvent gratuites, et, sur l'autre, ils divulguent facilement leurs DP, bien que conscients des menaces pesant sur leur vie privée. Comment expliquer ce paradoxe qui se traduit par une surexposition de soi ?

Disposition à payer versus *disposition à révéler*

La disposition à payer (DAP) des individus pour protéger leur vie privée sur Internet constitue un indicateur de la manière dont ils l'évaluent. Certes, la plupart des sondages d'opinion montrent que les individus attachent une valeur importante à leur vie privée et, en particulier, à la protection des DP sur Internet [Westin, 2001]. En France, une enquête de l'Insee sur les conditions de vie des ménages publiée en 2005 montre qu'il s'agit d'une des préoccupations essentielles des ménages citant les risques de fraude à la carte bancaire et la réception de publications non sollicitées comme les principaux freins à l'achat en ligne. En fait, depuis l'apparition d'Internet, la plupart des sondages d'opinion convergent vers ce résultat. En revanche, ils ne permettent ni de mesurer ni n'expliquer la valeur que les individus attribuent à la vie privée.

Plus récemment, certaines expérimentations ont entrepris de telles analyses [entre autres : Ackerman *et al.*, 1999 ; Hahn, 2001 ; Hann *et al.*, 2003 ; Hui *et al.*, 2007]. Il apparaît notamment que les individus exigent un prix plus élevé pour céder leurs DP si un tiers désire les exploiter par rapport à la somme qu'ils consentiraient à payer pour protéger leurs DP contre toute forme de collecte et d'exploitation. Il s'agit d'un résultat classique dans ce type d'expérimentation [Boyce *et al.*, 1992]. Plus précisément, pour un individu, la disposition à accepter l'utilisation de ses DP (lorsqu'il dispose des droits de propriété sur celles-ci) est supérieure à la DAP pour leur protection contre toute utilisation (si aucun droit de propriété n'est octroyé).

En particulier, placés dans un contexte précis, notamment face au coût d'opportunité lié à la protection de leurs DP (ne pas pouvoir utiliser un service en ligne ou obtenir des fonctionnalités limitées), les individus sont prêts à céder leurs DP contre de petites compensations [Hui *et al.*, 2007]. Dans bien des cas, celles-ci sont symboliques comme le fait de pouvoir communiquer *via* un réseau social en ligne ou maintenir un blog. D'autres facteurs expliquent également la propension à divulguer des informations privées : la confiance dans le site, parfois une simple redéfinition de son ergonomie d'usage. D'autres expérimentations montrent que les individus révèlent plutôt facilement leurs données démographiques ou subjectives (préférences, opinions...), mais sont peu enclins à divulguer leurs données civiles ou de contact. Ces résultats valables pour Internet sont toutefois à relativiser comme le montre le succès des outils portables permettant d'être géolocalisé.

De ces résultats découlent deux questions. La première est la possibilité d'octroyer aux individus des droits de propriété sur les DP pour qu'ils puissent intervenir sur ce marché : n'évalueraient-ils pas excessivement ces ressources ? Auquel cas cela dissuaderait les firmes de négocier et d'exploiter ces ressources, aboutissant à leur sous-utilisation et à la disparition de services innovants. Or peu d'études empiriques ont traité ce problème [Hui et Png, 2006] (*cf.* chapitre V). À l'inverse, l'absence de droits de propriété (situation actuelle) aboutit à une autre défaillance : la surexploitation des DP, faute de protection suffisante de la part des individus. C'est cette seconde question que nous allons traiter à présent.

Une faible incitation des individus à se protéger mais une forte propension à s'exposer

Malgré la richesse et la gratuité des solutions pro-*privacy*, la demande ne prend pas forme. Pourquoi les individus ne se protègent-ils pas davantage (en adoptant ces solutions ou en évitant de trop communiquer des détails intimes de leur vie), alors qu'ils sont conscients des dommages que peut leur occasionner la violation de leur vie privée ?

Par exemple, comment expliquer le succès des pages personnelles à travers lesquelles les individus divulguent des aspects parfois très intimes de leur vie privée pouvant parfois permettre de les identifier aisément ? De même, comment expliquer la banalisation des cartes de fidélité dans les grandes surfaces à travers lesquelles, en contrepartie d'une « cagnotte » d'un faible montant, l'individu accepte d'être identifié et que soit enregistré le moindre de ses achats et, par association, ses préférences, ses horaires d'achat, sa banque... Certes, certains individus ne sont pas conscients de ces possibilités de profilage, ni ne se sentent concernés par les utilisations préjudiciables à leurs intérêts. Mais la plupart des sondages soulignent au contraire la sensibilité des personnes face à ces risques.

Comment expliquer alors qu'elles ne se protègent pas ? Certes, la longueur et la compréhension souvent difficile des chartes de confidentialité expliquent qu'elles ne soient pas lues et donc que les individus aient un comportement moins méfiant (*cf.* chapitre v). De même, l'adoption de technologies pro-*privacy* nécessite souvent un minimum de compétences. Mais, encore une fois, la perte de bien-être due à l'atteinte à la vie privée peut largement surpasser ces coûts. Face à un tel contraste entre préférences et comportements effectifs, les individus seraient-ils irrationnels ?

Une explication en termes de rationalité parfaite. — Les décisions et les comportements pour préserver sa vie privée sont des processus complexes, dépendant de l'information disponible et de l'attitude à l'égard des dangers, mais aussi des opportunités offertes par la divulgation d'informations privées. Une première approche consiste alors à considérer les individus comme parfaitement rationnels lorsqu'ils décident de partager ou, au contraire, de protéger leurs informations. Ils sont supposés maximiser leur utilité de manière intertemporelle en utilisant toute l'information disponible et en cohérence avec leurs préférences tout en évaluant les dommages futurs rapportés à leur probabilité d'occurrence (par exemple, la perte probable subie en cas d'achat en ligne sous la forme de réception de spams).

Le processus de décision d'un individu faisant face à des arbitrages de *privacy* lorsqu'il effectue une transaction est formalisé de la manière suivante : il choisit une technologie d'échange d de façon à maximiser l'utilité U_t tirée d'une transaction t (un achat en ligne ou un échange d'e-mails) pouvant entraîner la divulgation de DP en utilisant la technologie d, ce qui donne le programme suivant : $\max_d U_t = \delta(v_E(\alpha), p^d(\alpha)) + \gamma(v_E(t), p^d(t)) - c_t^d$.

L'utilité est fonction du gain espéré $v_E(\alpha)$ de conserver ses informations privées lors de cette transaction ; de la probabilité $p^d(\alpha)$ que cela survienne en utilisant la technologie d ; du gain $v_E(t)$ lié à la réalisation de la transaction t ; la probabilité $p^d(t)$ de réalisation de la transaction avec la technologie *d* ; et le coût d'utilisation c_t^d de la technologie *d*.

Cette fonction d'utilité souligne la dualité implicite caractérisant toute transaction pouvant impliquer la divulgation de DP et reposant sur une technologie plus ou moins protectrice de la vie privée : l'individu doit arbitrer entre les bénéfices nets liés à la protection de ses DP et ceux tirés de la transaction. Par exemple, acheter un livre auprès d'un libraire en ligne pour bénéficier d'une remise implique la divulgation de DP et donc un risque qu'elles soient utilisées au détriment de l'acheteur. Dans d'autres cas, choisir des dispositifs pro-*privacy* peut présenter des inconvénients :

— ne pas divulguer son numéro de carte bancaire (éviter le risque de piratage) en envoyant un chèque par la poste fait supporter les frais d'envoi et le délai supplémentaire de réception du produit ;

— ne pas utiliser une carte de transport RFID (le passe Navigo du métro parisien) pour éviter le traçage de ses déplacements implique d'utiliser des tickets de transport plus traditionnels (donc ne pas pouvoir bénéficier d'un tarif dégressif) ou plus contraignants comme le passe Découverte garantissant un certain anonymat, mais obligeant le rachat du coupon et du passe en cas de perte (toute liberté fondamentale a son prix !) ;

— ne pas utiliser un site de rencontre en ligne (pour éviter des publicités sans intérêt) oblige à sortir en discothèque (et impose donc des coûts de séduction plus importants !) ; etc.

Une explication alternative : l'analyse comportementaliste. — L'approche en termes de rationalité parfaite se heurte à certaines limites importantes [Acquisti, 2004]. D'une part, le calcul nécessaire pour prendre une décision optimale nécessite une information et une capacité cognitive parfaites : les individus sont supposés aptes à traiter des informations de nature stochastique, associées à des risques et des probabilités d'occurrence d'événements futurs aboutissant à des coûts et des bénéfices en matière de vie privée. D'autre part, en divulguant des informations personnelles à des tiers, l'individu en perd le contrôle, ainsi que celui de la chaîne des utilisations qui peuvent en être faites. Il est impossible de revenir en arrière, de contrôler qui l'utilise et l'échange, quelle valeur économique est ou sera créée à partir de leurs exploitations, etc.

Dans ces conditions, l'hypothèse de rationalité parfaite est difficile à tenir : le calcul de $v_E(.)$ et $p^d(.)$ apparaît impossible sur une base purement objective et l'individu doit recourir à des probabilités subjectives. On se situe alors dans un cadre de rationalité limitée, Fort de ce constat, Acquisti identifie trois limites essentielles auxquelles se heurtent les individus cherchant à préserver leur vie privée tout en maximisant leur utilité tirée de l'échange : l'incomplétude de l'information, la rationalité limitée et les distorsions psychologiques.

L'incomplétude de l'information. — Sans revenir sur les questions d'asymétries informationnelles déjà traitées par ailleurs, notons simplement ici que l'individu ne dispose quasiment d'aucune information pour évaluer les paramètres de l'équation mentionnée plus haut. Les coûts et les bénéfices peuvent être monétaires ou intangibles : prix d'achat d'une technologie de protection, coûts financiers supportés en cas d'usurpation d'identité, « cagnotte » reçue en ayant une carte de fidélité, mais également temps d'apprentissage à un logiciel de protection, coûts psychologiques d'être victime d'une escroquerie en ligne et sensation de confiance due au fait de se sentir protégé. À la difficulté d'estimation de ces différentes variables s'ajoute le difficile calcul des probabilités d'occurrence d'événements futurs engendrés par le comportement présent : comment évaluer la probabilité d'être victime d'une fraude bancaire un, deux, trois ans après un paiement en ligne ?

La rationalité limitée. — La rationalité des individus peut être limitée par la quantité d'informations dont ils disposent, leurs capacités cognitives ou le temps dont ils disposent pour prendre une décision. Face à des choix complexes, dont certains paramètres sont difficiles ou impossibles à déterminer, l'individu doit se satisfaire d'un choix raisonnable compte tenu des éléments et du temps dont il dispose, et donc renoncer à adopter la solution optimale. Dans le cas d'un choix impliquant des risques en matière de vie privée, il est confronté tant à des problèmes de calcul des coûts et des bénéfices induits par les choix possibles qu'à des informations de nature stochastique sur les événements à l'origine de ces coûts et bénéfices. Ainsi, une fois ses informations divulguées, il devient impossible pour l'individu de savoir systématiquement à qui elles seront transmises, quand et pour quels usages. Et, pire, comment calculer la probabilité qu'une intrusion (écoute téléphonique, logiciel espion...) a eu lieu ou va survenir ?

Les coûts cognitifs sont tels qu'ils empêchent la définition d'une stratégie optimale et obligent les individus à recourir à des procédures fondées sur des heuristiques simples pour parvenir à des solutions plus rapidement et de manière moins coûteuse. Par exemple, un individu peut imiter rationnellement le comportement de son entourage en matière de protection de la vie privée pour éviter de supporter les coûts cognitifs associés à de telles décisions. Si personne n'adopte de solutions, il ne se protégera pas.

Les distorsions psychologiques. — Même en supposant une capacité de calcul et une information parfaites, l'individu se heurte à des déformations psychologiques mises en évidence par les théories comportementalistes. S'agissant des comportements de vie privée, Acquisti et Grossklags [2008] identifient plusieurs déviations psychologiques.

1) Un biais d'optimisme (effet de valence) : placé dans un état émotionnel positif, un individu va surestimer la probabilité de survenance d'événements favorables et donc sous-estimer les risques liés à son activité, qu'il suppose inférieurs à ceux auxquels les autres sont confrontés dans les mêmes circonstances. Comme le cancer lié à la consommation de cigarettes, l'usurpation d'identité ou les intrusions n'arrivent qu'aux autres... C'est également le cas pour les utilisateurs de réseaux sociaux en ligne stimulés par l'émulation liée au fait d'interagir avec des inconnus sur des centres d'intérêt communs comme la musique et qui estiment que seuls les autres prennent des risques en dévoilant publiquement des informations intimes. Ce biais peut être dû à un excès de confiance en leurs chances de passer entre les mailles du filet.

2) Une sous-évaluation des risques cumulatifs : chaque bribe d'information divulguée considérée séparément ne représente qu'un risque limité mais, au fur et à mesure, le traitement combiné de toutes ces données accumulées et leur association avec des données collectées *via* d'autres canaux peuvent représenter un danger réel pour l'individu. Il est possible de reconstituer intégralement la vie de certains individus à partir de toutes les petites traces laissées sur Internet ou par la géolocalisation de chacun de ses déplacements. Il apparaît difficile pour un individu de mettre en relation les risques associés à chaque utilisation d'un

service nécessitant ou générant des DP et le risque cumulé à long terme à partir de chacun de ces petits risques.

Un individu a vraisemblablement la capacité de percevoir et évaluer le risque associé à chaque divulgation d'une donnée personnelle. Mais ces données sont persistantes et s'accumulent au cours du temps. Un retrait, une géolocalisation par GSM et un paiement à un péage considérés séparément donnent moins d'informations qu'exploités conjointement. De même, une trace de navigation sur Internet peut s'ajouter à une autre et, à leur tour, ces deux informations peuvent être ajoutées à d'autres types d'informations comme une photographie prise lors d'une soirée arrosée et mise en ligne, la signature d'une pétition, l'inscription à un site spécialisé sur la pêche en haute mer et un *curriculum vitae* obsolète mais toujours en ligne.

Le risque global associé à la révélation de morceaux d'informations personnelles est alors supérieur à la simple somme des risques associés à chacun de ces morceaux de DP au moment où ils sont divulgués. L'agrégation et l'association de DP permettent de produire de nouvelles informations plus riches, parfois plus pertinentes, permettant de mieux exploiter ces données, de mieux cerner le profil d'un individu, voire de connaître tout ou partie de sa vie privée. Ce risque total est particulièrement difficile à estimer pour l'individu. Certains vont estimer qu'il est important, considérable, indéfinissable, ou bien mineur, sans importance, modéré. Mais il sera impossible de le comparer avec un bénéfice quelconque lié au fait d'être protégé maintenant ou à l'avenir (quand ?). La rationalité limitée des individus rend ainsi plus difficile de gérer des actions et des effets éloignés dans le temps.

3) L'ignorance rationnelle et le refus de changement : l'ignorance ou le contournement d'un problème lié à une activité peuvent être rationnels lorsqu'ils permettent d'économiser les coûts d'information supportés dans le cas inverse, qui surpasseraient le bénéfice tiré de cette activité. Ainsi, ne pas lire la politique de confidentialité d'un site Internet est rationnel si l'individu estime que la longueur et donc le coût de lecture et de compréhension de ce texte surpassent les avantages inhérents à la consultation du site. De même, un individu peut rationnellement décider de ne pas utiliser un nouveau service plus protecteur de la vie privée s'il préfère ne pas risquer de perdre les avantages présents ou ne pas supporter les coûts de transaction et d'apprentissage liés au changement. Par exemple, l'utilisateur d'un réseau

social en ligne préférera ne pas changer ses options concernant la divulgation de ses DP s'il craint que cela soit perçu négativement par les autres avec qui il interagit.

4) Un décalage entre les actions présentes et leurs effets futurs : les coûts de protection de la vie privée sont immédiats : il peut s'agir du coût éventuel et du temps d'obtention et d'installation d'un logiciel, mais également du marquage social inhérent. En revanche, les bénéfices (par exemple, éviter une intrusion ou une usurpation d'identité) restent souvent invisibles et répartis sur les périodes de temps futures.

Il est ainsi plus facile de gérer des actions et des effets proches dans le temps, tandis que protéger sa vie privée en empêchant la collecte de DP représente un coût immédiat en matière de mise en place, d'apprentissage et de réputation. Il faut du temps pour comparer et choisir l'outil adéquat par rapport à des risques ou des besoins qui nécessitent eux-mêmes du temps pour être identifiés clairement. Il faut ensuite apprendre à utiliser l'outil de protection : un logiciel de cryptage d'e-mails nécessite parfois certaines compétences informatiques. Enfin, lorsque d'autres individus peuvent en détecter la présence, ces outils représentent un marquage social pouvant affecter la réputation de leur utilisateur s'il est le seul à les avoir adoptés. Simplement, la non-adoption peut naître du sentiment d'être le seul à utiliser un tel outil ou de l'impression de faire partie d'une minorité que l'on ne côtoie pas ou dont on ne connaît pas précisément les caractéristiques (sont-ce tous des « hippies » de l'informatique ?).

Face à ce coût dont le calcul est plus immédiat et moins difficile à réaliser, la récompense — éviter ou limiter les risques de violation de sa vie privée — est quant à elle invisible, incertaine et étalée sur des périodes futures.

5) L'actualisation hyperbolique : les individus peuvent être confrontés à des distorsions psychologiques lorsqu'ils évaluent et comparent les coûts et bénéfices actualisés de leurs actions au cours du temps. S'ils doivent prendre des décisions s'étalant sur différentes périodes, chacun a ainsi tendance à évaluer les événements futurs selon différents taux d'actualisation. Les préférences personnelles peuvent donc être incohérentes sur un plan temporel. Notre capacité limitée à anticiper rend d'autant plus aisé de traiter des actions et leurs conséquences qu'elles sont proches dans le temps.

Les expérimentations en psychologie et en économie montrent ainsi que les individus ont tendance à éviter ou à reporter les activités leur infligeant un coût, même si cela leur fait supporter plus d'effort par la suite. De même, ils tendent à s'engager excessivement dans des activités agréables, même si ce choix leur cause des désagréments et une perte nette de bien-être dans le futur. Par exemple, un universitaire peut avoir à écrire un livre sur les DP pendant ses vacances, mais préférer sur le moment les loisirs estivaux, même si ce choix lui fait supporter un travail d'autant plus pénible à la rentrée !

Face aux coûts immédiats qu'il doit supporter pour préserver sa vie privée sur Internet — dont le bénéfice est difficile à évaluer en soi — et éviter des événements négatifs incertains dans le futur, il suffit alors de proposer une récompense, si petite soit-elle, à l'individu pour qu'il accepte de révéler ses DP [Acquisti, 2004]. Cette gratification prend des formes multiples : pouvoir utiliser un réseau social, utiliser gratuitement des logiciels... L'arbitrage repose sur une comparaison entre, d'une part, un gain net lié à la divulgation et disponible tout de suite — une « gratification immédiate » — qui s'oppose à des dommages, certes potentiellement importants, mais non calculables et incertains et, d'autre part, une perte nette liée à la protection technique de sa vie privée, à savoir un coût immédiat face à un bénéfice difficile à calculer et imperceptible. L'adage « Un tiens vaut mieux que deux tu l'auras » s'applique et peut lever le paradoxe apparent lié à un comportement combinant une sous-protection face à un danger majeur et une surexposition en échange d'une petite récompense sans commune mesure avec le risque inhérent.

Au total, cette faible incitation à se protéger explique en grande partie à la fois l'échec du marché de la *privacy* et une partie du succès du marché des DP. Si les entreprises bénéficient de tels comportements, leurs effets sur le bien-être des individus peuvent être largement négatifs (*cf.* chapitre III). Cet écart entre les attitudes et les comportements de vie privée interroge de ce fait sur la politique des pouvoirs publics en la matière. L'une des recommandations tirées d'un rapport du Sénat propose de « renforcer la place accordée à la sensibilisation aux questions de protection de la vie privée et des DP dans les programmes scolaires » [Détraigne et Escoffier, 2009]. Pour autant, au vu des résultats exposés ici, il est difficile d'être confiant dans la capacité des individus, même mieux informés et avertis, à prendre des décisions conformes à leurs intérêts en matière de vie privée.

Ces résultats concourent également à rejeter les solutions purement marchandes laissant le soin aux individus d'être vigilants et de se protéger par leurs propres moyens. Si la diminution des coûts d'adoption et d'utilisation des technologies protectrices de la vie privée peut avoir un impact positif, il faut certainement d'autres *stimuli* pour amener les individus à les adopter. La protection légale semble plus que jamais nécessaire, encore faut-il qu'elle soit conçue et combinée efficacement avec les autres formes de régulation de la vie privée.

V / Réglementation, corégulation ou laissez-faire : une approche comparative

> « DOMICILE : toujours inviolable.
> Cependant, la Justice, la Police y pénètrent quand elles veulent. »
>
> Gustave Flaubert,
> *Dictionnaire des idées reçues.*

L'exploitation des DP peut être à la source d'externalités négatives et créer des risques pour les personnes. Pour autant, cela justifie-t-il une intervention publique correctrice et, le cas échéant, jusqu'à quel degré et sous quelles formes ? Considérée ainsi, la protection légale de la vie privée est une question complexe puisque, d'un côté, les méthodes de collecte et d'exploitation des DP sont polymorphes et évolutives et, de l'autre, les individus eux-mêmes ont des stratégies différentes de gestion de leurs identités et DP. Au-delà de l'exploitation des DP sur Internet, préserver la vie privée nécessite une régulation touchant bien d'autres domaines comme la géolocalisation, la revente de DP, etc. La complexité de la régulation est donc à la hauteur de la diffusion très large de composants informatiques dans les objets et les lieux familiers (*pervasiveness*) : terminaux mobiles, bornes de contrôle, cartes de paiement, etc., ainsi que des outils de traitement de données. Fort de ce constat, la capacité d'expertise des entreprises n'est-elle pas un meilleur garant pour protéger les DP que la seule réglementation publique ? Il apparaît dès lors difficile, voire impossible, de définir une approche générale qui permettrait de réguler de manière uniforme toutes les situations dans lesquelles des DP sont collectées et exploitées.

Les solutions institutionnelles existantes

Les modèles présentés jusqu'ici n'envisagent la protection de la vie privée que d'une manière binaire, selon qu'elle s'applique ou non, et, si tel est le cas, présument de son effectivité : les entreprises n'ont pas accès aux DP. Cette conception, bien utile pour bâtir des modèles, fait toutefois l'impasse sur la diversité des modes de régulation existants. Or, à l'instar de la régulation environnementale, il existe différentes solutions institutionnelles pour réguler l'exploitation des DP et protéger la vie privée. Cette section passe en revue les solutions mises en œuvre sur Internet. Toutes se combinent entre elles selon des proportions variées d'un pays à l'autre. Nous les étudions néanmoins séparément pour en saisir plus finement les avantages et les inconvénients.

Marché ou gouvernement : quelle solution optimale ?

En première analyse, il existe deux solutions polaires en matière de respect de la vie privée des utilisateurs des réseaux numériques et de protection de leurs DP : la régulation purement marchande et la régulation par l'État.

La régulation par le marché. — Le laissez-faire consiste à ne soumettre les entreprises à aucune contrainte légale, sinon le droit commun, par exemple en interdisant la tromperie. Les incitations marchandes sont supposées exercer une pression suffisante pour amener les firmes à ne pas utiliser les DP d'une manière socialement inacceptable et à respecter leurs engagements éventuels en matière de vie privée. La sanction marchande infligée à la firme peut être un impact négatif sur sa réputation (publicisation des actes par les médias), une baisse des ventes, voire une diminution de sa valeur financière.

La *privacy* devient un élément de marketing et de différenciation des firmes (à l'instar d'eBay qui met en avant sa politique de confidentialité), ce qui peut enclencher un processus de concurrence vers le haut. À terme, toutes les firmes adopteraient des politiques de protection des DP élevée. L'efficacité de cette pression dépend de la publicité faite sur la pratique vertueuse ou non des firmes : mention des entreprises respectueuses ou non sur les forums de consommateurs ou les sites pro-*privacy* ; capacité des médias à détecter et révéler des violations manifestes (*cf.* affaire Amazon.com en septembre 2000). Elle dépend également

La protection des DP aux États-Unis et en Europe : deux approches différentes

Face au développement de l'informatique et aux menaces que cela fait peser sur les libertés fondamentales par l'utilisation abusive des DP par les administrations et les entreprises, nombre de pays ont légiféré pour encadrer la collecte et l'exploitation des DP : l'Allemagne en 1970, la Suède en 1973, les États-Unis en 1974 (*Privacy Act*) et la France en 1978. La réglementation en Europe et aux États-Unis vise à concilier les libertés et droits fondamentaux avec, d'une part, la libre circulation des informations sur les réseaux numériques et entre les pays et, d'autre part, les activités judiciaires et la sécurité nationale. Cependant, l'Europe s'oppose aux États-Unis par un champ nettement plus large de protection des DP.

Les États-Unis

La protection légale de la vie privée sur Internet est *a minima*. En fait, dès lors qu'une personne divulgue des DP ou que la collecte et l'exploitation s'effectuent dans des conditions non frauduleuses, il n'y a pas de contraintes spécifiques pour les firmes. Aucune politique de confidentialité ou de déclaration des traitements auprès d'une administration quelconque n'est requise légalement. Il existe toutefois des règles protectrices d'informations comme l'état de santé, les DP sur des mineurs et certaines opérations financières.

Pourtant, en 1998, les États-Unis ont été les premiers à produire des règles de bonne conduite visant à établir des pratiques professionnelles respectueuses de la vie privée, même si elles sont demeurées à l'état de recommandations : les *Fair Information Practice Principles of Notice, Choice, Access, and Security*. La notification consiste à informer de l'étendue et de l'utilisation des DP avant toute collecte ; le choix, à donner aux consommateurs la possibilité de refuser les utilisations secondaires de leurs DP ; l'accès, à leur permettre d'accéder à leurs DP pour s'assurer de leurs exactitudes et les faire rectifier ; la sécurité, à les protéger contre l'accès et les utilisations non

de la réactivité des consommateurs : réclamations auprès des services de communication, poids des associations de consommateurs, appels à boycotts, etc.

Cependant, le laissez-faire souffre de défaillances majeures. En admettant que, sous la pression du marché, les firmes prennent des engagements contractuels pro-*privacy*, il n'en subsiste pas moins des coûts d'information et de négociation. D'une part, la firme bénéficie d'asymétries informationnelles *via* une meilleure connaissance juridique et technique et, d'autre part, les consommateurs subissent des coûts de lecture et de compréhension des chartes de confidentialité qui leur sont proposées, ainsi que des coûts de surveillance du respect des engagements. Face à une probabilité très faible d'être sanctionnées par les consommateurs, les firmes sont incitées à afficher tout type d'engagement pour se autorisées des DP collectées (plus de détails sur www.ftc.gov).

L'Europe

La protection des DP est définie par deux directives européennes de 1995 et de 2002 définissant des règles impératives devant s'appliquer dans les États membres. Les DP doivent être collectées de manière loyale et légalement pour des objectifs bien définis et légitimes. Toute utilisation non prévue dans les engagements des organisations envers les consommateurs est interdite. La collecte des DP nécessite le consentement de la personne et leur conservation est forcément limitée dans le temps. Toutefois, les pays européens divergent dans leur définition du consentement, des pays comme la France et l'Allemagne ayant adopté la règle de l'*opt-in* contrairement au Royaume-Uni qui a préféré l'*opt-out*.

La France

La protection des DP et l'encadrement de leur traitement sont organisés en France par la loi du 6 janvier 1978 (« Informatique et libertés ») votée à la suite de l'affaire Safari — un système informatique qui aurait permis d'interconnecter tous les fichiers de DP des administrations — et modifiée à plusieurs reprises, en particulier en 2004, lors de la transposition de la directive européenne de 1995. Elle se fonde sur les principes suivants :

— toute personne a droit au respect de sa vie privée lorsqu'elle utilise des services de communication électronique ;

— principe de la transparence (similaire aux *Fair Information Practices Principles* américains) ;

— droit à l'oubli et au secret ou à la confidentialité : tout traitement doit être limité dans le temps.

Dès 1978 est instituée la Commission nationale de l'informatique et des libertés (CNIL) dont la mission consiste à protéger les individus, informer les personnes sur leurs droits, conseiller le gouvernement, recenser les fichiers de DP, contrôler les traitements informatisés de DP et sanctionner en cas d'infraction et de refus de coopération (plus de détails sur www.cnil.fr).

différencier et obtenir ainsi une rente d'autant plus importante qu'elles peuvent ensuite tricher en revendant les DP pour augmenter leurs revenus...

Se pose également le problème des entreprises dont la réputation importe peu, comme les *spammers*. La pression marchande est relativement faible : dans le cas du *spamming*, 99,999 % d'internautes en colère ne dissuadent pas les firmes puisqu'il suffit parfois de 0,001 % de clients visiblement satisfaits par le message reçu pour rentabiliser leur activité. Le marché semble bel et bien défaillant.

Les normes réglementaires. — L'État définit des règles de protection de la vie privée auxquelles doivent se conformer les commerçants s'ils veulent collecter et exploiter des DP. La charge du coût de protection est donc théoriquement supportée par les firmes et le niveau de protection corrélé positivement aux sanctions prévues par la loi (amendes, publicisation de l'infraction, interdiction d'exercice, compensations éventuelles versées aux victimes, etc.). Cette approche est généralement retenue en Europe, tandis qu'aux États-Unis elle ne concerne que certaines DP spécifiques.

L'effet dissuasif de la réglementation repose sur le pouvoir coercitif de l'État qui doit alors arbitrer judicieusement entre le niveau de sanction et la probabilité de détection de l'acte illégal afin de minimiser le coût social de la protection et d'obtenir un niveau d'incitation optimal. Cependant, l'intervention publique comporte des défaillances. D'abord, elle engendre des coûts administratifs pour définir et faire respecter les normes de protection : fonctionnement de la CNIL en France, contrôle, procès, etc. Ensuite, elle impose un coût aux firmes qui doivent indiquer clairement leur politique de confidentialité, s'assurer de leur légalité et permettre l'accès et la correction des DP par les individus. Enfin, un risque d'inadéquation de la réglementation apparaît lors du vote des lois et de la définition des normes de protection, qu'elles soient déterminées unilatéralement par l'État ou influencées par l'action de *lobbying* des industriels ou de la société civile. Les règles mises en place seraient tantôt trop laxistes et insuffisamment dissuasives — autorisant des dérives ou aisément contournables — tantôt trop restrictives — empêchant certaines utilisations innovantes des DP pourtant bénéfiques aux consommateurs ou aux usagers.

Les solutions intermédiaires

Entre la réglementation et le laissez-faire existent différentes solutions se différenciant par la nature des agents à l'origine des règles de protection des DP et le degré d'implication de l'autorité publique. Si elles corrigent parfois certains inconvénients des régulations marchande et publique, elles n'en sont pas pour autant plus efficaces.

L'autorégulation : la protection des DP aux mains des industriels. — Les firmes et leurs associations professionnelles produisent très souvent des règles privées, plus ou moins contraignantes, s'appliquant à la qualité des produits, la déontologie, etc. Étendue à la protection des DP, l'autorégulation consiste à labelliser les firmes s'engageant à respecter une politique de confidentialité précise. À condition d'être crédible, une telle procédure de certification permettrait une relation de confiance entre les entreprises et les consommateurs. Ces règles collectives seraient ainsi un bien public pour toutes les entreprises y adhérant.

Swire [1997] compare l'autorégulation au laissez-faire et à la réglementation. L'expertise des industriels constituerait l'avantage de l'autorégulation face aux normes réglementaires : ils connaissent les modes d'exploitation des DP, leur évolution, les coûts de conformité aux standards définis par le label et donc l'effectivité de ces règles. Par rapport à des normes publiques édictées en dehors d'elle, les règles privées (spécifications techniques et contrats types) seraient plus légitimes au sein de la communauté professionnelle. Il serait ainsi plus facile de convaincre et de familiariser les firmes avec de telles règles et de sanctionner les adhérents qui les transgresseraient (*via* leur réputation collective ou leur exclusion). Enfin, il serait plus aisé de standardiser ces règles et ainsi de réduire les coûts d'information supportés par les individus en cas de laissez-faire.

Cependant, l'autorégulation a des inconvénients majeurs. Elle se heurte à une logique d'action collective [Olson, 1965]. Plus la « communauté » est importante, plus les coûts de détection de violation de règles augmentent, plus le coût de la tricherie (perte de réputation) est réparti sur toute l'industrie, plus les firmes ont intérêt à resquiller (*free riding*). Elles bénéficient de la sorte autant de la réputation collective que du gain de la tricherie (revente, utilisations contraires aux règles, etc.).

Pire encore, quand bien même une union professionnelle pourrait faire respecter des règles collectives, celles-ci seraient probablement établies selon une logique de cartel. Dès lors que des règles très protectrices des DP diminuent les profits des entreprises, les intérêts des industriels et des consommateurs ne convergent pas forcément. De ce fait, une entente sur les règles aboutirait à une protection sous-optimale du point de vue des individus, et ce d'autant plus que la société civile est exclue du processus d'élaboration de telles règles. De son côté, la régulation purement marchande établirait une concurrence entre les firmes pouvant les amener à une meilleure qualité de services, y compris des garanties plus fortes en matière de vie privée. Quant à la régulation publique, le *lobbying* des associations de défense des libertés civiques et des droits des consommateurs contraindrait le législateur à intégrer ces intérêts dans la définition de normes publiques.

Le régime du *caveat emptor* (« que l'acheteur soit vigilant »). — Cette solution fait peser la charge de la protection sur les consommateurs. Dans ce régime juridique, les firmes (les commerçants en ligne) ne sont pas légalement tenues de s'engager sur la manière dont elles collectent et utilisent les DP de leurs clients. En revanche, si elles affichent une politique de confidentialité sur leur site, elles sont légalement tenues de respecter leurs engagements contractuels. À la différence de l'autorégulation, la régulation publique intervient ici au niveau du respect de l'application des engagements pris par la firme. Notons toutefois que cette solution est compatible avec la précédente. La firme peut aussi bien fixer ses propres règles qu'adhérer aux règles collectivement établies par ses pairs (ou bien n'en adopter aucune...).

Cette solution fait l'objet de critiques importantes. Une telle approche peut conduire à une diversité de pratiques des firmes, selon qu'elles affichent ou non une telle charte et l'étendue des obligations affichées. Les individus sont ainsi victimes d'asymétries informationnelles et subissent des coûts d'autant plus importants que les engagements varient d'une firme à l'autre. Ces asymétries ne sont corrigées par aucun mécanisme contraignant (tiers certificateur, autorité publique...) pour inciter les firmes à standardiser et respecter leurs engagements. Toutes peuvent, dans une logique de différenciation, afficher une charte de bonne conduite mais, dans les faits, ne pas la respecter en bénéficiant de coûts élevés de détection.

La labellisation : *quis custodiet ipsos custodes ?* (« qui surveille nos gardiens ? »). — Un certain nombre de programmes payants en ligne aux États-Unis — TRUSTe, BBB Online, Web Trust, PwC Privacy Seal... — permettent de certifier que leurs adhérents respectent certains standards de protection des DP. La valeur du label tient notamment à la présence du logo sur le site de l'adhérent et à l'autorisation donnée à l'agence de contrôler l'effectivité de sa politique de confidentialité. Les certificateurs privés se différencient alors selon le prix d'adhésion et leurs exigences en matière d'information et de protection des DP. Leur crédibilité tient aux obligations imposées aux firmes : décrire les DP collectées, les méthodes de collecte, leurs exploitations, leurs transferts éventuels, les partenaires à ces activités, leurs combinaisons avec d'autres informations obtenues auprès de tiers, etc.

L'adhésion à de tels labels vise à augmenter la confiance des consommateurs et à réduire leurs coûts d'information en leur envoyant un signal crédible sur les coûts que les adhérents supportent pour protéger leurs DP. Théoriquement, les firmes bénéficiant d'un coût peu élevé de protection des DP considéreront comme profitable l'adhésion à un label.

Cette solution rencontre toutefois des limites. En quoi le fait de dévoiler ses techniques de collecte et d'exploitation des DP empêche-t-il une firme de les revendre à qui elle veut ? En particulier, quels sont les facteurs qui, dans un tel système, contraignent les firmes à respecter les principes de bonne conduite habituellement prescrits : droits à l'information préalable, à la consultation et à la modification de ses DP ? Au début des années 2000, la Federal Trade Commission constatait ainsi que moins de la moitié des sites commerciaux respectaient les *Fair Information Standards*. Faut-il préconiser une hybridation de cette solution avec des contraintes réglementaires ?

En outre, une double logique d'action collective et de bien de croyance fragilise cette solution. Il n'est pas possible pour un individu de savoir si une firme labellisée n'a pas violé ses engagements car les effets négatifs n'apparaissent pas immédiatement après ou le font de manière diffuse. Répéter la transaction — et divulguer à chaque fois ses DP — n'apporte au consommateur aucune indication supplémentaire. Par conséquent, devant l'impossibilité de signaler la qualité de leur politique de manière crédible, les entreprises souhaitant initialement respecter leurs engagements ne bénéficient en fait d'aucune incitation ni d'aucun intérêt à le faire par rapport à celles violant les normes fixées par le label mais bénéficiant de ses avantages.

Les labels de certification peuvent également conduire à une forme de sélection adverse : les firmes les moins protectrices auraient davantage tendance à acquérir une certification que les firmes disposant déjà d'une bonne réputation [Anderson et Moore, 2006]. Edelman [2009] montre ainsi que, aux États-Unis, un site Internet certifié par le label dominant TRUSTe — par ailleurs recommandé par la Federal Trade Commission — a deux fois plus de chances d'être malveillant qu'un site non certifié. Cette défaillance des labels dans leur fonction de contrôle pourrait justifier l'adjonction de normes réglementaires comme l'obligation pour les certificateurs de publier en ligne les plaintes et les condamnations concernant les sites qu'elles certifient. Cette mesure de transparence inciterait en somme les certificateurs à faire leur métier.

Pour autant, dans un tel cadre institutionnel, qui contrôlerait les certificateurs ? Et, finalement, les coûts administratifs d'un tel contrôle ne justifieraient-ils pas la mise en place d'un certificateur public intégrant toute la chaîne du contrôle ? Il s'agit d'un problème classique en économie de l'information : la crédibilité du certificateur. Quelle incitation a-t-il à mener un contrôle efficace ? Ses clients sont des entreprises et non les consommateurs eux-mêmes. Plus il détecte de fraudes, plus sa réputation augmente auprès des consommateurs, mais moins il aura *a priori* de clients, lesquels, exclus ou mis à l'index, s'adresseront à d'autres labels moins regardants. De même, quelles conditions et procédures d'exclusion encadrent-elles la tricherie ? Si une firme est détectée mais non exclue, quelle crédibilité pour le label et quel intérêt pour l'entreprise à conserver le label si la tricherie est dévoilée ? Encore une fois, cela plaiderait plutôt en faveur d'un certificateur public.

L'attribution de droits de propriété aux individus : une opportunité ?

Les solutions évoquées précédemment reposent sur l'absence d'attribution de droits de propriété sur les DP ou sur un régime de droits attribués implicitement aux agents collectant ou utilisant ces ressources. Une entreprise revendant une base de données sur ses clients détient de fait ce droit d'utilisation. Quant aux individus, leurs droits sur leurs DP sont limités et incomplets : en amont, ils peuvent certes refuser de dévoiler certaines de leurs informations (refuser de remplir un formulaire ou de répondre à la police) rendant impossible la production des DP correspondantes, mais ils ne peuvent en empêcher la collecte lorsqu'elle est autorisée (par exemple, données enregistrées par les marchands en ligne ou fichiers de police reprenant des informations accessibles en dehors de la volonté de l'individu). Au niveau de l'exploitation, ils n'ont qu'un droit de regard et de correction (souvent virtuel) et ne peuvent s'opposer à l'exploitation de leurs DP si celle-ci est légale.

Face à cette situation, faut-il préconiser l'octroi aux individus de droits de propriété sur leurs DP pour leur permettre de les « gérer » comme tout autre élément de leur patrimoine et notamment de percevoir une compensation en contrepartie de leur exploitation marchande. Une telle position a fait l'objet de critiques. Dans un récent rapport, le Sénat a notamment rejeté cette option en opposant dignité humaine et marchandisation des attributs de la personnalité, en dénonçant l'inégalité de pouvoir de négociation entre individus et entreprises sur un tel marché de DP et en pointant l'antagonisme entre le fait d'exposer volontairement sa vie privée et d'établir ensuite des contrats d'exploitation fondés sur des droits exclusifs.

Pourtant, la marchandisation des DP existe bel et bien, piétinant bien souvent la dignité humaine, à l'instar de vidéos humiliantes mises en ligne tout en générant de l'audience et des recettes publicitaires pour les acteurs de l'Internet. Les firmes profitent bien souvent de leur situation de marché pour exploiter abusivement les DP de leurs clients. La mise en place de droits de propriété ne serait-elle pas alors un moyen de compenser et, surtout, de « concerner » les individus en les insérant au cœur du marché des DP ?

Trois points de vue distincts sur l'attribution de droits de propriété

L'attribution de droits de propriété aux individus sur leurs DP a donné lieu à un débat important opposant différentes approches [Hahn et Layne-Farrar, 2001].

L'octroi de droits inaliénables fondés sur l'*opt-in*. — Une première approche considère les TIC comme des outils de contrôle particulièrement intrusifs justifiant une réglementation forte fondée sur l'*opt-in* : il faut obtenir le consentement des individus titulaires de droits de propriété sur les DP les concernant pour toute exploitation. Cela se justifierait d'autant que l'option inverse — l'*opt-out* (accord tacite) — entraîne des coûts de revirement décisionnel très élevés. Cependant, l'*opt-in* comporte également des coûts de transaction prohibitifs pour la firme tenue de négocier l'accord avec toute personne dont elle veut exploiter les DP. Ceci limiterait son intérêt économique à certaines données sensibles (opinions politiques, état de santé...) dont la divulgation peut faire subir des dommages majeurs à la personne.

L'octroi de droits de propriété librement négociables. — Une deuxième approche prône également l'attribution de droits de propriété aux personnes sur leurs DP, mais dans une perspective marchande. En effet, si elles sont la plupart du temps négociables, ces ressources sont sous-évaluées, ce qui expliquerait qu'elles

L'*opt-in* et l'*opt-out*

L'*opt-in* et l'*opt-out* désignent les conditions sous lesquelles les DP — en particulier les e-mails — sont collectées et utilisées par les entreprises lorsque celles-ci inscrivent des personnes sur des listes de diffusion ou lorsqu'elles partagent ou revendent ces informations à des tiers. Sur un plan légal, l'*opt-in* impose l'autorisation de la personne pour pouvoir utiliser son e-mail. Par exemple, elle peut cocher une case sur une page Internet spécifiant qu'elle accepte de recevoir telle ou telle lettre d'information.

Dans le cas de l'*opt-out*, l'autorisation de la personne est considérée *a priori* comme implicitement accordée. C'est donc à elle de spécifier que son e-mail ne doit pas être utilisé à telle ou telle fin. Elle doit explicitement demander à ne pas être inscrite sur une liste de diffusion au moment où son e-mail est collecté ou, par la suite, son retrait d'une liste de diffusion. L'*opt-out* est donc le régime le plus permissif.

Très souvent, cette possibilité d'*opt-out* n'apparaît qu'après un long texte qui peut décourager les individus et les laisser ignorants de leurs droits. L'*opt-in* est au contraire considéré comme plus respectueux de l'autonomie de la personne et de son droit de choisir.

soient surexploitées. Au contraire, conférer de droits de propriété aux individus les inciterait à les valoriser en adoptant des protections techniques appropriées (le cryptage) et, par ce biais, les mettrait en position de force sur un tel marché [Noam, 1995]. Dans l'idéal, un individu pourrait contrôler les exploitations primaires et secondaires de ses DP, notamment en attribuant et en spécifiant *ex ante* des droits sur leurs différentes utilisations possibles.

Des droits de propriété s'appuyant sur des moyens techniques facilitateurs de transactions permettraient aux individus d'être compensés, au moins partiellement, pour l'exploitation de leurs DP dans un univers où cela a déjà lieu de fait. À la limite, les individus pourraient s'approprier la valeur des utilisations secondaires difficiles ou impossibles à contrôler en exigeant des prix plus élevés aux exploitants primaires identifiés qui, à leur tour, exigeraient des prix plus élevés aux exploitants secondaires et ainsi de suite... En renforçant leur pouvoir de marché, la détention de droits exclusifs permettrait à chacun d'exiger de tels prix.

Noam rejette au passage les critiques habituellement émises contre l'octroi de droits de propriété aux individus : la non-cessibilité des droits personnels s'oppose à une liberté plus fondamentale, le droit de libre arbitre. Des individus libres, supposés doués de raison, lucides et pleinement informés, doivent pouvoir choisir librement de céder leurs DP. Prohiber ces transactions ne les en dissuaderait nullement : il existerait toujours des acheteurs et des vendeurs consentants. Une telle prohibition serait socialement coûteuse entraînant une immixtion de l'État dans des affaires privées et incitant les parties à toute forme d'innovations pour s'y soustraire.

Toutefois, une critique essentielle à cette approche est que l'octroi automatique de droits de propriété aux individus ne résout pas pour autant le problème du coût de gestion et de surveillance des utilisations des DP, en particulier la revente. Il existe toutefois des solutions originales pour tenter de surmonter cet inconvénient (*cf. infra*, Laudon [1996]).

L'absence de droits de possession. — Une troisième approche regroupant des écoles de pensée très différentes préconise la libre circulation des DP et l'absence de droits de propriété. En France, le respect de la vie privée est conçu comme un droit de la personnalité inaliénable ne pouvant faire l'objet de transactions marchandes. De plus, un tel marché des DP pénaliserait forcément les parties faibles obligées le plus souvent de céder leurs droits pour pouvoir accéder aux biens et services.

Par exemple, un fumeur souscrivant à une police d'assurance vie se verra probablement proposer un prix supérieur si l'assureur connaît son addiction : détenir un droit de propriété laisserait à penser que cela protégerait cet aspect de sa vie privée. Pour autant, même dans un tel régime, l'assureur peut mettre en place un mécanisme incitatif en proposant un prix qui, par défaut, intègre le fait d'être fumeur et une remise aux non-fumeurs les incitant à révéler leur type et, par défaut, les fumeurs.

Enfin, on retrouve un certain nombre d'arguments de l'école de Chicago. Par exemple, conférer automatiquement des droits sur des ressources à ceux qui n'ont pas investi dans leur production (collecte, traitement des DP) contraint ceux qui les valorisent le plus, les entreprises, et, de ce fait, ne maximise pas la richesse sociale. De même, de tels droits limiteraient la quantité d'informations disponibles sur le marché et donc son efficience (*cf.* chapitre II).

Toutefois, cette approche minimise largement l'impact des externalités négatives et la préférence pour la tranquillité sans proposer de solutions de compensation face aux pertes de bien-être subies par les individus du fait de l'exploitation de leurs DP. À cet égard, une approche alternative, plus pragmatique, serait de préconiser des analyses coûts/bénéfices au cas par cas pour déterminer la régulation optimale selon le contexte. Nous présentons à la fin de ce chapitre deux études s'inscrivant dans cette perspective.

L'organisation d'un marché de données personnelles

Au-delà des problèmes éthiques, établir des droits de propriété sur les DP pose *a priori* de redoutables problèmes de définition et de mise en œuvre sur un plan institutionnel. Il convient de déterminer à qui ces droits sont attribués et leur nature précise.

À qui attribuer les droits ? — Dans un monde d'information parfaite, la flexibilité dans la négociation et la contractualisation rendrait superflue la protection légale des DP. Cela suppose toutefois des conditions d'application restrictives incluant des droits de propriété clairement définis, une information mutuelle parfaite sur les intentions des autres et des coûts de transaction nuls.

Prenons un exemple fondé sur de telles hypothèses. Ne pas figurer sur une liste d'e-mails spammés représente un gain de 5 euros par semaine à un individu (A) tandis que l'inverse rapporte 2 euros par semaine au propriétaire (B) de la liste. Un premier cas de figure est celui où B possède le droit de faire figurer cet e-mail avec ou sans le consentement de A. Pour obtenir le retrait de son nom, A doit verser à B une somme comprise entre 2 et 5 euros : en deçà, B n'a aucun intérêt et, au-delà, A est perdant. Le bien-être total, égal à 5, sera réparti différemment entre A et B selon leur pouvoir de négociation. Dans le cas de figure opposé, A détient le droit à ce que son e-mail ne figure pas sur la liste de B. Aucune transaction n'aura lieu car B supporterait une perte nette en demandant l'autorisation d'exploiter son e-mail à A. Le bien-être total reste inchangé par rapport au cas de figure précédent, soit un bien-être de 5 pour A. L'attribution du droit est donc neutre du point de vue du bien-être total des deux agents.

Les asymétries informationnelles et l'existence de coûts de transaction significatifs remettent néanmoins en cause ce résultat. Une allocation efficiente des droits consisterait à les conférer à la partie minimisant ces coûts de transaction, en supposant qu'ils soient supportables, et, pour cela, à comparer les coûts de négociation supportés par A pour le retrait de son e-mail avec ceux de B pour négocier l'autorisation de A. Actuellement, un tel raisonnement légitimerait l'*opt-out* qui minimise les coûts de transaction par rapport à l'*opt-in* nécessitant que B obtienne l'accord de tous les titulaires d'e-mails (et, pour cela, trouble leur tranquillité...). Confiant dans la capacité des TIC à réduire ces coûts de transaction, Varian [1996] estime que le changement technologique devrait permettre d'inverser à terme cette conclusion (citant notamment Laudon [1996], *cf. infra*).

Quelles solutions institutionnelles mettre en place ? — Varian promeut l'échange marchand des DP sous la forme d'un système de location/prêt pour certains types d'exploitations décidées et acceptées par l'individu « propriétaire » de ses DP. Une telle solution serait en phase avec les comportements observés des individus qui préfèrent divulguer certaines de leurs DP et garder les autres secrètes.

Illustrons cette idée. Soit un vendeur de pommes de différentes variétés et un consommateur dont la disposition à payer maximale pour une variété est de 3 euros par kilo et 0 pour les autres. Le client est prêt à divulguer ses préférences mais non sa disposition à payer afin de garder son surplus en cas d'achat. Le partage de DP accroît l'efficience de l'échange en réduisant les coûts d'information : éviter au vendeur d'énumérer toutes les variétés et de ne pas offrir la bonne variété de pommes ou à l'acheteur de revenir si le stock n'est pas réassorti.

À l'ère numérique, la mise en place de droits de propriété permettrait ainsi d'économiser l'attention des individus devenue une ressource clé (*cf.* chapitre III). Cependant, cette perspective se heurte à des coûts de transaction rédhibitoires pour les titulaires de droits : identification des utilisateurs, mesure de leurs droits et fixation des prix, établissement des contrats et surveillance, procès... et répétition de ces opérations auprès de tous les exploitants.

Différentes solutions plus ou moins technicistes ont été proposées pour surmonter cet écueil : la mise en place d'agents électroniques qui, à l'instar des *shopbots* (les *shopping robots*, ou assistants d'achat en ligne), identifieraient et négocieraient automatiquement avec les exploitants ; des modules programmables à implémenter dans les navigateurs Internet afin d'éviter les sites ne respectant pas les préférences de l'internaute (*cf.* plateforme P3P sur www.w3.org), voire de réaliser une négociation automatique.

Une solution originale de *privacy for sale*

Laudon [1996] préconise un système où les DP seraient agrégées en paquets (*bundles*) loués sur un marché public, ouvert à tous les exploitants potentiels. Tout individu ayant des caractéristiques données pourrait ainsi fournir ces informations à un infomédiaire qui les agrégerait avec les DP d'autres individus aux caractéristiques similaires. Chaque groupe obtenu serait alors associé à un descriptif précis (« un jeune cadre parisien ayant tel revenu et un intérêt pour tel loisir »). Les entreprises désirant proposer des offres au groupe défini selon tels ou tels critères achèteraient les droits d'utilisation des listes de contacts correspondantes pour une durée limitée. Les individus recevraient ensuite un pourcentage des revenus générés, une forme de dividendes avec toutefois une possibilité de sortie (*opt-out*) s'ils considèrent que la gêne occasionnée par la sollicitation n'est pas compensée par le revenu perçu. Ce système leur permettrait de s'approprier une partie des revenus du marché florissant des DP mais qui ne bénéficie qu'aux firmes.

Par rapport à une négociation bipartite généralisée et non intermédiée, cette solution agrégative évite des coûts de transaction prohibitifs tout en en préservant les avantages — augmenter la quantité d'informations disponibles sur le marché et créer un gain mutuel — et en permettant aux individus d'arbitrer entre les bénéfices de divulguer leurs DP et les coûts (d'opportunité) de les maintenir secrètes préservant ainsi l'anonymat des personnes [Varian, 1996]. Cette solution d'infomédiation agit comme un écran de fumée en évitant la révélation de l'identité et l'incertitude pesant sur les exploitations ultérieures. Elle permet également de déplacer le problème du pouvoir de marché inégal en assurant un meilleur contrôle des utilisations faites des DP (mutualisation des moyens) et surtout en négociant collectivement les prix et conditions d'utilisation, à l'instar du fonctionnement des sociétés de gestion collective dans le domaine du droit d'auteur.

Toutefois, si cette solution se prête bien au marketing personnalisé, *quid* de son application à d'autres types d'exploitation tels que la personnalisation de services en ligne ou en mobilité ? Se pose également la question de la crédibilité de l'infomédiaire et de la confiance des agents, que ce soit les consommateurs (confidentialité des DP collectées) ou les firmes (confidentialité des stratégies marketing). Son statut privé ou public, marchand ou non marchand, joue donc un rôle clé.

Outre les problèmes de fiabilité et de vulnérabilité, ces solutions purement informatiques supposent un investissement humain relativement important et ne résolvent pas en soi la question de l'évaluation et de la négociation des droits. D'autres solutions reposent sur la mise en place d'infomédiaires s'intercalant entre les individus et les exploitants de DP pour réaliser ces tâches et éviter certaines externalités conséquentielles [Laudon, 1996].

Les limites de l'approche par les droits de propriété

La reconnaissance des droits de propriété aux individus sur leurs DP, selon ses partisans, permettrait une allocation efficiente des ressources *via* la compensation ainsi obtenue et l'incitation à adopter des comportements socialement optimaux (éviter les exploitations excessives ou la divulgation d'informations volontairement erronées). Pour autant, cette approche, aussi séduisante soit-elle, rencontre des limites importantes.

La nature des droits. — Le principe de droits de propriété est d'autant plus séduisant que les individus ont déjà eux-mêmes l'impression d'avoir de telles prérogatives à l'instar du droit européen de regard et de modification des DP. Mais ces droits de propriété au sens économique n'équivalent en rien à un droit de possession [Kirat, 1999]. Ils n'autorisent pas les individus à empêcher la collecte et l'exploitation licites de DP sur eux. D'où l'importance de spécifier précisément les prérogatives reconnues à travers l'appellation générique de « droits de propriété ».

1) Un droit de possession classique ? S'agirait-il d'un droit exclusif de possession sur des ressources assimilées à des objets matériels ? Auquel cas le champ de la protection serait bordé par des exceptions : mes amis pourraient-ils encore me souhaiter mon anniversaire sans risquer de se retrouver assignés en justice ? Le commérage dans la rue et la liberté d'expression dans la presse seraient-ils encore possibles [Hahn et Layne-Farrar, 2001] ? De plus, de tels droits exclusifs, même clairement définis, n'auraient de valeur que si leurs bénéfices compensaient leurs coûts d'administration. Cela risquerait de limiter fortement le champ d'application à certains types d'exploitations bien identifiables à l'instar du droit à l'image.

La théorie des droits de propriété justifie l'octroi de droits clairement définis, exclusifs et librement transférables afin de permettre une allocation efficiente des ressources rares. Or l'octroi de tels droits sur les DP reviendrait plutôt à créer une rareté artificielle [Samuelson, 2000]. En fait, la ressource rare à préserver ici est bien davantage la vie privée elle-même. Le marché des DP serait alors à l'image des permis de pollution visant à créer de la rareté pour inciter les plus pollueurs à internaliser les coûts externes qu'ils infligent à la nature. Or le problème est que ces « droits » à polluer sont librement transférables, ce qui n'est pas souhaitable concernant les DP (*cf.* chapitre III).

2) Un droit de propriété intellectuelle ? La propriété intellectuelle vise à créer de la rareté pour protéger les producteurs de biens informationnels (œuvres, inventions...) contre les imitateurs, tout en leur garantissant un droit de contrôle sur les utilisations qui en sont faites par les exploitants légitimes. Il n'y aurait alors qu'un pas à franchir pour étendre ce régime aux DP et autoriser de la sorte les individus à exclure quiconque souhaiterait utiliser leurs DP sans autorisation. Toutefois, la justification économique donnée à la propriété intellectuelle repose sur des fondements différents [Samuelson, 2000]. Il s'agit d'inciter à la production d'œuvres ou de connaissances nouvelles dont les coûts fixes supportés par les auteurs, les inventeurs et leurs partenaires économiques sont sans commune mesure avec leurs coûts de reproduction. Au contraire, la production de DP ne coûte en principe rien aux individus, mais est le résultat de l'activité d'autres agents. À la limite, de tels droits de propriété intellectuelle devraient échoir à ceux qui collectent ces ressources, les transforment en biens informationnels et les exploitent afin de protéger leurs investissements [Friedman, 2000].

3) Un droit à compensation ? Une solution alternative aux droits exclusifs serait d'établir des droits à compensation fondés sur un régime de règles de responsabilité. L'utilisateur pourrait exploiter les DP d'un individu mais, en contrepartie, devrait lui verser une somme pour le dédommager. Qui fixerait alors les tarifs d'utilisation des DP : l'individu lui-même, le juge, l'État, une autorité indépendante, un intermédiaire tel qu'une société gérant collectivement ces droits sous la forme d'un guichet unique ? La solution préconisée par Laudon [1996] repose sur une telle conception. Mais la valeur de la compensation, collectivement négociée, ne risque-t-elle pas d'être insuffisante pour compenser exactement le dommage créé par l'exploitation des DP ? Ou, au contraire, excessive et empêcher l'avènement d'utilisations innovantes ? On retrouve ici des problèmes classiques de tarification des biens collectifs.

L'évaluation des droits. — L'évaluation des droits pourrait conduire à des prix soit sous-évalués, soit surévalués. D'un côté, les individus risquent de sous-évaluer la valeur de leurs DP en n'intégrant pas tous les bénéfices que les exploitants peuvent en tirer. Le succès des *do-not-call lists* (listes nationales de numéros de télécommunication exclus) aux États-Unis s'interpréterait de la sorte : les consommateurs ne prennent pas en compte les profits que les « télémarketeurs » réaliseraient grâce à leurs DP et dont ils pourraient récupérer une partie sous la forme de prix personnalisés plus avantageux ou de services innovants. Un risque de surprotection se traduirait par un manque à gagner des firmes surpassant le gain des consommateurs et diminuant le bien-être social [Anderson et de Palma, 2005].

D'un autre côté, les individus pourraient surévaluer la valeur de leurs DP en exigeant un prix trop élevé pour céder leurs droits [Schwartz, 2004]. Les expérimentations montrent ainsi que pour céder un droit de propriété qu'un tiers cherche à obtenir, les individus exigent généralement un prix plus élevé que la somme qu'ils consentiraient à consacrer à la protection de ce droit (*cf.* chapitre III, Boyce *et al.* [1992]). Cela exclurait du marché des firmes pourtant prêtes à les acquérir à un prix socialement optimal et entraverait l'émergence d'un marché des DP auquel participeraient les personnes.

Les coûts de mise en place du cadre institutionnel. — La transition vers un marché des DP fondé sur des droits reconnus aux individus pourrait représenter des coûts majeurs. Une telle institutionnalisation créerait des coûts en matière de délimitation des droits octroyés, d'établissement des contrats, de procédures de surveillance, etc. Par exemple, il faudrait régler la question de l'aliénabilité des droits. Louant les avantages de l'échange marchand, Varian [1996] admet néanmoins l'importance d'une interdiction légale de la revente des DP sans accord explicite des personnes. Une telle loi éliminerait nombre d'externalités négatives. Toutefois, une telle règle juridique remet en cause le principe même d'aliénabilité et donc une bonne partie des avantages liés à un système de droits de propriété [Samuelson, 2000]. Outre ces coûts institutionnels, l'octroi de tels droits pourrait augmenter les coûts de production des firmes exploitant des DP devant payer à présent pour ces usages. Elles reporteraient vraisemblablement ce surcoût sur leurs prix, éliminant au niveau collectif tout ou partie des avantages économiques des droits de propriété.

Notons que la solution de Laudon [1996] répond à nombre de ces critiques : réduction des coûts de transaction (guichet unique et mutualisation des moyens de gestion) et de contrôle des exploitations secondaires (*via* l'anonymat des titulaires de droits) ; meilleure évaluation des droits (connaissance plus fine du marché des infomédiaires du fait de leur spécialisation, encadrement de leurs activités par le droit de la concurrence ou par une agence de régulation telle que la CNIL en France).

Concevoir une réglementation optimale à l'heure d'Internet

Toute exploitation de DP, dès lors qu'elle porte atteinte aux intérêts des personnes, pourrait être purement et simplement interdite à l'instar de réglementations environnementales visant une « pollution zéro ». Pour autant, cette option semble socialement indésirable : ces activités peuvent générer plus de bénéfices que de coûts à la collectivité (*cf.* chapitre III) et les individus eux-mêmes, souhaiter ne pas protéger tous les aspects de leur vie privée pour bénéficier de ces activités (*cf.* chapitre IV). Dans ces conditions, comment définir une régulation optimale parmi toutes les solutions économiquement réalisables ?

Nous avons vu que réglementation, autorégulation, labellisation sont autant de solutions plus ou moins efficaces. Leur évaluation est rendue difficile car elles s'insèrent dans un contexte sociotechnique évolutif et mondialisé où s'opèrent des activités extraterritoriales et nécessitant des actions concertées des États, de la société civile et des organisations professionnelles et internationales. En fait, il n'existe pas de solution sur mesure (*one size fits all*), d'où l'importance d'analyses au cas par cas. Cette dernière section analyse les conditions d'une régulation optimale.

L'étendue optimale de la privacy

Théoriquement, le niveau optimal de protection légale de la vie privée revient à déterminer le volume de DP accessibles aux organisations minimisant le coût social de leur exploitation [Taylor, 2004b]. L'optimum est défini ici à partir des effets positifs et négatifs sur le bien-être social d'une quantité additionnelle de DP disponibles sur les individus en tant que consommateurs, travailleurs, emprunteurs, militants…

D'un côté, cette quantité additionnelle peut améliorer l'appariement entre l'offre et la demande et engendrer un certain nombre de bénéfices. Ainsi, collecter suffisamment de DP sur les consommateurs permet de personnaliser l'offre ou de concevoir des services de mise en relation innovants sur Internet (*cf.* chapitre III). Cet effet positif peut être conçu d'une certaine façon comme une diminution du coût social inhérent à une mauvaise allocation des ressources.

D'un autre côté, une quantité supplémentaire de DP sur le marché peut réduire le bien-être social en donnant lieu à des exploitations négatives ou dont les effets peuvent se révéler négatifs : pollutions numériques, contraintes sur l'autonomie individuelle... Cet effet peut s'interpréter comme une augmentation du coût social marginal d'acquisition d'informations additionnelles.

Le graphique suivant illustre l'arbitrage entre deux objectifs contradictoires consistant à maximiser les bénéfices tirés de l'exploitation des DP tout en maximisant le bien-être lié au respect de la vie privée. Définir une régulation optimale revient à déterminer la quantité d'informations qui minimise la somme des coûts sociaux liés à une mauvaise allocation des ressources et à l'acquisition d'informations supplémentaires, définie par l'intersection des courbes de coûts sociaux marginaux, soit q^*. Tout écart par rapport à cette quantité optimale augmente la somme des coûts sociaux.

Figure 4. **Le niveau optimal de protection des données personnelles**

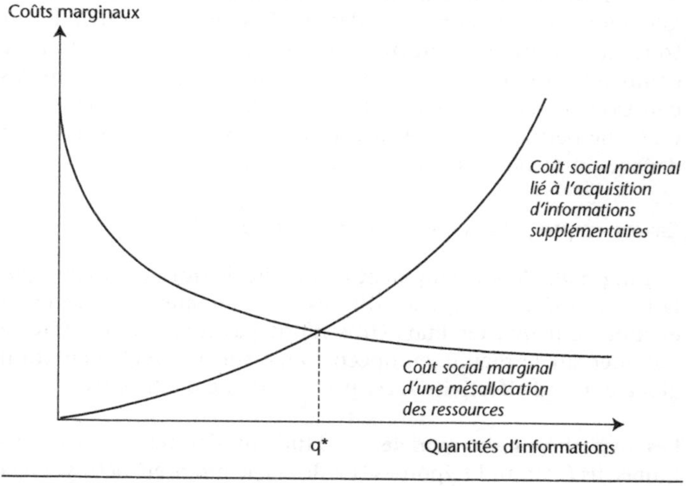

La plupart des approches présentées dans cet ouvrage reposent sur une telle conception générale. Par exemple, Varian [1996] estime qu'une bonne régulation doit se focaliser sur le contrôle qu'a chacun sur les utilisations secondaires de ses DP — pouvoir faire interdire la revente de ses DP —, défini implicitement par le bon arbitrage pour atteindre q^*. Dans l'analyse d'Akerlof et Kranton [2000], la détermination du T optimal relève de la même logique : l'équilibre optimal entre le coût social marginal imposé aux individus — moindre autonomie du fait de l'attitude des autres envers eux — et le coût social marginal infligé aux autres par un comportement menaçant certaines valeurs sociales.

Une telle approche générale permet d'évaluer théoriquement la mise en place de mécanismes correcteurs face aux multiples défaillances du marché : surexploitation des DP, surexposition des individus, etc. Toutefois, elle rencontre rapidement des limites. Trop réductrice, elle est souvent résumée par le choix binaire entre interdiction (*privacy*) et liberté totale (*no privacy*) d'utilisation des DP. D'un point de vue empirique, il paraît délicat de définir un indice uniforme mesurant le degré de protection de la vie privée et d'évaluer les coûts et les bénéfices associés à chaque quantité d'informations divulguées. Le calcul économique se heurte à des écueils plus redoutables encore qu'en matière environnementale.

Il semble donc difficile de formuler des préconisations générales en matière de protection des DP. Ces limites justifient à leur tour des approches moins généralisantes et s'attachant à comparer l'efficacité de solutions alternatives praticables dans des contextes précis. Les deux études qui suivent s'inscrivent dans une telle perspective en évaluant différents modes de régulation dans le domaine du commerce sur Internet.

Caveat emptor, *labels ou normes réglementaires ?*

Tang *et al.* [2008] comparent l'efficacité de trois modes de régulation visant à protéger les DP des consommateurs sur Internet et montrent que les États-Unis n'ont pas forcément intérêt à s'aligner sur le régime européen fondé sur une réglementation globale dont l'effectivité n'est pas synonyme d'efficience.

Les hypothèses du modèle. — Étudiant des régulations existantes, ils écartent l'hypothèse de droits de propriété octroyés aux individus sur leurs DP. Seules leurs décisions d'achat et leur sensibilité aux risques d'intrusion dans leur vie privée sont supposées influencer la politique de gestion des DP affichée par les entreprises. Toutefois, la stratégie des firmes est entachée d'une asymétrie informationnelle dont elles essaient de réduire les effets négatifs en matière d'image et de suspicion des consommateurs. Elles disposent pour cela de différents mécanismes de protection des DP pour envoyer des signaux positifs à leurs clients : les normes réglementaires, le régime du *caveat emptor* et les labels de certification privée (*cf. supra*). L'objectif est de déterminer dans quelles circonstances un régime peut être plus efficace que les autres.

Sous un régime de normes légales obligatoires, un niveau de sanction très élevé est supposé effectif et garantir le respect par les firmes de leurs engagements. Cela amène les consommateurs à croire en ce comportement. Cela suppose également des moyens institutionnels conséquents. Pour autant, en France, le niveau de sanction contre la violation de la vie privée est-il connu de tous et les moyens de la CNIL sont-ils suffisants ?

Sous un régime de *caveat emptor*, c'est au consommateur de se montrer vigilant et de se protéger par ses propres moyens (par exemple, acheter ou ne pas acheter). Les vendeurs n'ont aucune obligation légale mais, s'ils affichent des engagements, ils doivent légalement les respecter. Ce régime est inefficace pour protéger la vie privée lorsque les coûts de lecture et de compréhension des engagements contractuels sont trop élevés et dissuadent les consommateurs d'assimiler ces informations. Dans ce cas, les vendeurs ne sont pas incités à protéger les DP. Ce cas de figure est hautement probable étant donné les comportements observés concernant la lecture des chartes de *privacy*, leur longueur — plus de deux mille mots en moyenne selon Tang *et al.* — et leur complexité juridique (renvois vers d'autres textes) induisant un manque de lisibilité croissant dans le temps [Milne *et al.*, 2006].

Les labels de certification visent à réduire fortement les coûts d'information supportés par les consommateurs grâce à l'apposition d'un logo sur le site du vendeur et au niveau de contrôle et de sanction affiché des firmes. Les firmes décident alors d'adhérer ou non à un label en fonction du niveau de leurs coûts de protection des DP et de l'avantage de se différencier de la sorte. Elles envoient ainsi un signal crédible aux consommateurs, qui prennent en compte cette adhésion dans leur décision d'achat du produit. Chaque firme labellisée décide alors de protéger ou non

La CNIL : des moyens d'action à la hauteur de ses missions ?

Une condition nécessaire à l'effectivité de la protection légale de la vie privée et des DP est le niveau de sanction prévu par la loi : sur un plan pénal, celle-ci va jusqu'à 300 000 euros et cinq ans de prison en France (art. 226-16 à 24 du code pénal). Toutefois, elle n'est évidemment pas suffisante en soi et la mise en œuvre de la loi repose également sur une autorité indépendante, en l'occurrence la Commission nationale de l'informatique et des libertés (CNIL), créée en 1978 avec la loi du même nom pour protéger la vie privée et les libertés des citoyens.

Ses missions sont d'informer les personnes sur leurs droits et leurs devoirs ; de conseiller le gouvernement ; de garantir le droit d'accès aux fichiers de DP des administrations et des entreprises ; de recenser les fichiers existants ; de contrôler les dossiers de déclaration de fichiers et, *a posteriori*, les entreprises dans leurs locaux ; de réglementer et sanctionner (avertissement, mise en demeure, sanction financière, saisie des tribunaux). En 2004, une refonte de la loi de 1978 (transposant en droit français la directive européenne de 1995) renforce les pouvoirs de la CNIL en matière de contrôle et de sanction tout en allégeant les formalités déclaratives des détenteurs de fichiers par la création des « correspondants informatique et libertés ». Ces derniers sont nommés au sein des organisations (entreprises, administrations...), formés à la loi et aux problématiques de sécurité des données, servent de correspondants avec la CNIL et peuvent la saisir en cas de problème.

Le champ de compétence et d'intervention de la CNIL n'a cessé de s'élargir, notamment avec Internet, le développement sans précédent de bases de données, l'arrivée de nouveaux acteurs, la multiplication des textes réglementaires faisant écho à celle des technologies (téléphonie/informatique, vidéosurveillance, biométrie, géolocalisation...).

Le problème crucial qui se pose est celui des moyens dont elle dispose pour mener à bien ses missions dans un tel environnement évolutif. En l'occurrence, en 2009, elle disposait de 120 agents et d'un budget de 13 millions d'euros... à comparer avec les budgets d'autres autorités indépendantes : l'Autorité de la concurrence dispose de 19 millions d'euros, l'Arcep de 23 millions d'euros, la Commission de régulation de l'énergie de 18 millions d'euros. Au niveau européen, ses homologues britannique, allemand et espagnol disposent de respectivement 260, 400 et 160 agents. Plus révélateur encore, la commission britannique bénéficie d'un budget de communication trente fois supérieur... alors qu'il s'agit là d'une des missions essentielles de la Commission (d'après le rapport 2008 de la CNIL). De l'aveu même d'Alex Türk, président de la CNIL, celle-ci rencontre des difficultés croissantes (plusieurs milliers de dossiers en retard) en raison de ce manque de moyens pénalisant *in fine* les citoyens dont les droits ne peuvent être pleinement garantis.

Un projet récent proposé par la CNIL consisterait à substituer à l'actuel mode de financement fondé sur le budget de l'État, un prélèvement auprès des organisations exploitant des données à caractère personnel (entreprises, État, collectivités locales, établissements publics, etc.). À notre avis, cette réforme, outre le fait qu'elle pourrait donner les moyens de financement adéquats et évoluant proportionnellement aux activités utilisatrices de DP, « allégerait » la charge des particuliers en tant que contribuables, en imposant ce coût aux organisations à la source des externalités négatives qu'ils subissent. Qui plus est, elle irait dans le sens d'un renforcement de l'autonomie de la CNIL.

les DP de ses clients, sachant qu'en cas de tricherie elle risque d'être sanctionnée. La pénalité joue le même rôle qu'une amende sous le régime des normes légales.

Finalement, dans ce régime, seuls les individus sensibles à la préservation de leur vie privée subissent une perte d'utilité et choisiront donc systématiquement les firmes labellisées. La demande s'adressant à une firme dépendra donc négativement du prix (pour tous les types de consommateurs) et de la perte d'utilité due à la violation de la *privacy* pondérée par la proportion de consommateurs « sensibles ».

Les conditions d'efficacité des modes de régulation. — Forts de ces hypothèses, Tang *et al.* montrent que l'efficacité de ces régimes dépend de : 1) la sensibilité des consommateurs à la protection de leurs DP ; 2) la perte de surplus qu'ils subissent en cas de violation de leur vie privée ; 3) le coût de protection des DP pour les vendeurs. Les normes légales seraient préférables lorsque la sensibilité à la vie privée et les pertes subies en cas de violation sont élevées. Le coût social de la réglementation serait plus que compensé par le gain de bien-être ainsi obtenu par les consommateurs (auquel s'ajouterait le bénéfice de ne pas avoir à lire les chartes de confidentialité). Le régime du *caveat emptor* serait plus efficace lorsque le coût de protection des DP est élevé pour les vendeurs et la sensibilité et la perte subie par les consommateurs sont faibles. Le bien-être serait d'autant plus élevé sous ce régime que les vendeurs épargneraient le coût de protection de la *privacy*. Enfin, le régime de la labellisation serait le plus efficace pour des niveaux intermédiaires de sensibilité et de perte de surplus des consommateurs en cas de violation.

Intérêts et limites du modèle. — L'un des intérêts de ce modèle est sa testabilité : le calcul économique du surplus des consommateurs et du coût de protection supporté par les firmes pourrait permettre d'évaluer chaque cas de figure selon le pays ou le type d'activité.

Toutefois, il repose sur un cadre statique et des hypothèses comportementales plutôt limitées. Les consommateurs n'ont qu'un moyen somme toute rudimentaire pour se protéger : ne pas acheter. Or ils disposent d'autres techniques pour préserver leur vie privée et se différencient selon leurs aptitudes. De même, une forte sensibilité laisserait plutôt supposer que les consommateurs, sinon se protègent, du moins lisent les chartes. Cela peut inciter

Le modèle de Vila *et al.*

L'enjeu du modèle de Vila *et al.* [2003] est d'évaluer l'efficacité des solutions marchandes face à un problème de sélection adverse et d'en déduire ou non la nécessité d'une réglementation. On suppose un consommateur rationnel devant choisir entre des sites Internet susceptibles de respecter sa vie privée (type R) ou non (type D). Il ne peut toutefois pas connaître le type du site Internet. En cas d'achat, il obtient un gain B si le site est de type R mais doit y soustraire un coût V (violation de sa vie privée) si le site est de type D.

Chaque firme obtient un bénéfice P et, en cas de violation de la vie privée, un bénéfice I (revente des DP). Les firmes peuvent décider d'envoyer un signal aux consommateurs pour les convaincre qu'elles respectent leur vie privée : afficher une charte de confidentialité, adhérer à un programme de labellisation. Soit S_r et S_d les coûts d'un tel signal respectivement pour les firmes de type R et D.

Sur cette base, on distingue quatre types de firmes — selon qu'elles respectent ou non la vie privée de leurs clients et qu'elles adoptent un signal ou non — et trois types de consommateurs : ceux qui achètent quel que soit le signal, ceux qui n'achètent pas et ceux qui n'achètent qu'en cas de signal. On obtient la matrice de gains suivante avec, en colonne, le comportement des firmes et, en ligne, celui des consommateurs :

	Respecte sans signal	**Respecte avec signal**	**Ne respecte pas sans signal**	**Ne respecte pas avec signal**
Achat	B, P	B, P – Sr	B – V, P + I	B – V, P + I – Sd
Non-achat	0, 0	0, – Sr	0, 0	0, – Sd
Achat si signal	0, 0	B, P – Sr	0, 0	B – V, P + I – Sd

Si le signal représente un coût faible pour les firmes de type R et élevé pour celles de type D de telle sorte que $S_d - S_r > I$, alors les consommateurs s'y fieront pour distinguer les firmes selon leur type. Dans ce cas, adhérer à un label est un bon signal en direction des consommateurs pour une firme de type R pour qui cela représente un investissement moindre par rapport à une firme de type D.

Toutefois, rien n'empêche une firme ayant adopté initialement un label de revendre ensuite les DP qu'elle a pu collecter. Il est en effet particulièrement difficile de prouver quoi que ce soit. Une solution alternative est la recherche d'une réputation marchande mais il s'agit dans ce cas de déterminer sur quelles bases la réputation s'établit. Par exemple, elle peut se fonder sur la fiabilité d'un forum ou d'un site d'informations notant les firmes selon leur respect de la vie privée.

les firmes anticipant ce comportement à afficher et à respecter des engagements de confidentialité pour stimuler les décisions d'achat. De surcroît, les firmes n'ont aucun autre moyen d'influencer les décisions d'achat que le prix et l'adhésion à un

Une autre difficulté tient au coût de contrôle de la qualité du signal supporté par chaque consommateur : lire une charte de confidentialité, vérifier la réputation sur un forum pro-*privacy*, ou encore installer un logiciel de détection de conformité à un label (de type P3P, *Platform for Privacy Preferences*). Il s'agit d'un coût d'opportunité par rapport à la valeur de la transaction (gain lié à l'achat en ligne) ou la possibilité d'aller acheter le même produit en magasin. Soient S : le coût du signal garantissant le respect de la vie privé supporté par chaque firme et T : le coût de lecture et de vérification du signal pour chaque consommateur. Individuellement, la matrice des gains est donnée par :

	Respecte	**Ne respecte pas**
Teste	B – T, P – S	– T, 0
Ne teste pas	B, P – S	B – V, P + I

Par exemple, la case nord-est montre que si le consommateur teste et découvre que la firme ne respecte pas ses engagements, il n'achète pas (0) mais a supporté le coût inhérent au contrôle (– T).

Supposons qu'une proportion p de firmes ($0 \leq p \leq 1$) respecte le signal qu'elles envoient et une proportion q de consommateurs ($0 \leq q \leq 1$) teste ce signal. Selon son choix, chaque consommateur obtient l'espérance de gain suivante :

— il teste et obtient donc U (« teste ») = p.(B – T) + (1 – p).(– T) = p.B – T ;

— il ne teste pas et obtient U (« ne teste pas ») = B – V + p.V.

En comparant l'avantage d'un comportement sur l'autre, on a :

U (« teste ») – U (« ne teste pas ») = – (1 – p).(B – V) – T.

Ainsi, plus la proportion de firmes respectant le signal envoyé est élevée (p tend vers 1), plus les consommateurs sont incités à ne pas tester (ils paient T) et inversement, si le coût de la violation (V) devient supérieur à la somme du gain de la transaction (B) et du coût du test (T).

Comparons la même chose pour les firmes :

U (« respecte ») – U (« ne respecte pas ») = – (S + I) + q.(P + I).

Si tous les consommateurs testent (q tend vers 1), les firmes ont une incitation à envoyer un signal et à le respecter. Inversement, moins les consommateurs testent, moins les firmes sont incitées à adopter une stratégie pro-*privacy*.

Ces résultats démontrent l'instabilité des régulations privées : si toutes les firmes respectent la vie privée, les consommateurs ne testent pas (un comportement de *free riding* amène chacun à estimer que les autres le font à sa place), auquel cas les firmes se mettent progressivement à violer la vie privée (revendre les DP). Cela provoque une réaction des consommateurs qui se remettent à tester les signaux envoyés, ce qui incite les firmes à se conformer à nouveau ; et ainsi de suite. Dans un tel jeu, il n'existe donc pas d'équilibre stable. Finalement, la seule solution est une intervention extérieure au marché sous la forme d'une réglementation.

label. Or elles peuvent offrir des services complémentaires dont l'utilité contrebalance aux yeux du consommateur « sensible » la perte de bien-être due à une diminution de la vie privée (*cf.* chapitre III).

Enfin, nulle hypothèse n'est faite sur les certificateurs, supposés bienveillants et agissant dans l'intérêt des consommateurs. De même, si Tang *et al.* supposent que les coûts de protection comprennent le coût d'opportunité de revendre les DP, les firmes respecteraient quasiment automatiquement leurs engagements. Les firmes ne chercheraient pas à tricher en profitant de l'asymétrie informationnelle subie par leurs clients. Le modèle suivant lève en partie ces limites.

Comportements opportunistes et rôle des normes réglementaires

Vila *et al.* [2003] montrent l'inefficience des solutions de marché, toutes confrontées à un problème de type *lemon market* [Akerlof, 1970]. Il existe une asymétrie informationnelle entre les vendeurs et les consommateurs pour déterminer si les premiers vont vendre *in fine* les DP collectées. Les engagements de *privacy* des vendeurs peuvent servir de signal, mais risquent d'être insuffisants en raison du différentiel (insuffisant) de coûts entre le respect de la vie privée et la défection des vendeurs.

De même, la prévention — faire prendre conscience des risques de violation de la vie privée — ou la technologie — promouvoir des solutions techniques visant à diminuer les coûts de vérification des signaux envoyés par les firmes — seraient des solutions insuffisantes. Au mieux, elles augmenteraient la proportion de consommateurs sensibles à la *privacy* ou le nombre de firmes la respectant. Par exemple, la mise en place d'infomédiaires privés [Laudon, 1996] ne suffit pas : les individus, confiants, cessent de vérifier les engagements et les stratégies des firmes, de même que les intermédiaires privés ont une forte incitation à tricher eux-mêmes (par exemple, revendre les DP dont ils ont la charge).

Par conséquent, la réglementation et les sanctions légales demeureraient le seul moyen afin d'obliger les entreprises à respecter la vie privée : le certificateur public serait l'ultime garant de la traçabilité et de la certification de l'information.

D'une manière générale, de telles approches comparatives nécessitent pour être testées une masse d'informations et de techniques de calculs. Même en cas de succès, elles pourraient aboutir à des préconisations très différentes d'un secteur ou d'un mode d'exploitation à l'autre aboutissant à un « patchwork *ad hoc* » de règles juridiques [Hahn et Layne-Farrar, 2001] dont la mise en œuvre générerait des coûts institutionnels très importants.

Conclusion

Avec la banalisation d'Internet, la zone d'« identification » des individus s'est prodigieusement élargie sous l'action conjuguée de deux forces : d'une part, l'intrusion dans la vie privée et la traçabilité croissantes des personnes permises notamment par la diffusion très large des TIC et atteignant actuellement un pic avec le phénomène de la « mobilité équipée » ; d'autre part, une exposition de soi sans précédent, à travers l'usage de services en ligne (blogs, réseaux sociaux en ligne, géolocalisation...). Les DP constituent ainsi une ressource abondante, une manne que les entreprises exploitent bien souvent au détriment de la vie privée qui tendrait pour sa part à devenir une ressource rare. L'équilibre entre l'utilisation des DP et la préservation de la vie privée constitue donc un des enjeux clés de l'économie numérique.

L'exploitation marchande ou non marchande des DP se heurte toutefois à deux obstacles majeurs : la réglementation et la réaction des individus eux-mêmes. L'acceptabilité sociale des activités de collecte et d'exploitation des DP détermine ainsi les frontières de la vie privée sur un plan tant individuel que légal. Cette acceptabilité peut être le fait des individus lorsqu'ils adoptent ou non des techniques d'anonymisation, rejettent ou non des offres publicitaires, aussi contextualisées et personnalisées soient-elles, mais également le fait de la société civile, des élus, des institutions en charge de la protection des libertés, etc.

Pour autant, ces frontières sont mouvantes et difficiles à mesurer, comme l'illustrent les comportements ambivalents des individus bien souvent réticents à se protéger et bien plus fréquemment enclins à divulguer des aspects de leur vie privée, parfois très intimes, contre une gratification insignifiante. Elles interrogent le législateur en rendant difficile la mise en place d'une régulation efficace et équilibrée. Au vu des résultats présentés dans cet ouvrage, celle-ci devrait se situer entre, d'un côté, la protection systématique de tous les individus — en incluant notamment ceux dont la volonté est manifestement de s'exposer (à l'instar du modèle français fondé sur des normes réglementaires contraignant les organisations privées) — et, de l'autre, la démarche plus pragmatique des États-Unis mêlant une réglementation *a minima* pour les seules données jugées sensibles et une régulation reposant sur l'action de la société civile (associations de défense des libertés individuelles, *class actions*...), les médias (relayant cette action) et les firmes (adoption volontaire de labels de respect de la vie privée).

Pour définir une telle régulation et mieux appréhender la notion de vie privée, de nombreuses pistes restent donc à explorer en économie, parmi lesquelles la compréhension des comportements individuels tels que l'exposition de soi en ligne, l'impact de la géolocalisation et de la *pervasiveness* sur les interactions sociales, la viabilité des modèles d'affaires numériques, l'efficacité comparée des mécanismes institutionnels, etc. De notre point de vue, l'exploration de ces thèmes, souvent jugés « borderline » par les économistes, nécessite une coopération avec d'autres disciplines comme le droit, la sociologie, l'informatique des réseaux, la psychologie sociale, la philosophie politique et les sciences cognitives.

Un autre thème fondamental est celui de la surveillance des individus par les administrations (services de renseignement, dossiers de santé partagés, fichiers des impôts, fusion des fichiers administratifs, confiance en l'administration...). On ne peut que regretter l'insuffisance de travaux en économie sur cette question pourtant cruciale du point de vue des libertés individuelles et de l'autonomie des personnes. L'économie associée à d'autres disciplines pourrait ainsi donner lieu à des analyses ciblées — l'efficacité des politiques de surveillance des individus, de détection des fraudes fiscales, etc. — ou plus générales : l'équilibre entre, d'une part, des objectifs comme la sécurité, l'innovation et les libertés économiques et, d'autre part, le respect de l'intimité, de la quiétude et de l'autonomie des individus. Bref, comment éviter que le meilleur des mondes marchands ne vire au cauchemar numérique par l'avènement d'une société de la surveillance au sens de Michel Foucault [1975], voire une société de la dissuasion, où non seulement les libertés individuelles seraient remises en cause au nom de la sécurité et des impératifs marchands, mais où, pis encore, les individus intégreraient de telles normes en bridant d'eux-mêmes leur autonomie en société.

Repères bibliographiques

ACKERMAN M.S., CRANOR L. et REAGLE J. [1999], « Privacy in e-commerce : examining user scenarios and privacy preferences », *Proceedings of the ACM Conference in Electronic Commerce*, ACM Press, New York, p. 1-8.

ACQUISTI A. [2004], « Privacy in electronic commerce and the economics of immediate gratification », *Proceedings of the ACM Electronic Commerce Conference*, ACM Press, New York, p. 21-29.

ACQUISTI A. et GROSSKLAGS J. [2008], « What can behavioral economics teach us about privacy ? », *in* ACQUISTI A. *et al.* (dir.), *Digital Privacy*, Auerbach Publications, New York, p. 363-377.

ACQUISTI A. et VARIAN H. R [2005], « Conditioning prices on purchase history », *Marketing Science*, vol. 24, n° 3, p. 367-381.

AKCURA M.T. et SRINIVASAN K. [2005], « Research note : customer intimacy and cross-selling strategy », *Management Science*, vol. 51, n° 6, p. 1007-1012.

AKERLOF G.A. [1970], « The market for "lemons" : quality uncertainty and the market mechanism », *Quarterly Journal of Economics*, vol. 84, n° 3, p. 488-500.

AKERLOF G.A. et KRANTON R.E. [2000], « Economics and identity », *Quarterly Journal of Economics*, vol. 65, n° 3, p. 715-753.

ALLEN A. [1988], *Uneasy Access : Privacy for Women in a Free Society*, Rowman and Littlefield, Totowa.

ANDERSON R. et MOORE T. [2006], « The economics of security », *Science*, vol. 314, n° 5799, p. 610-613.

ANDERSON S.P. et PALMA A. DE [2005], « A theory of information overload », document de travail, Department of Economics, University of Virginia.

ARENDT H. [1951], *Le Système totalitaire*, Seuil, Paris, 1966.

ARIÈS P. et DUBY G. (dir.) [1985], *Histoire de la vie privée*, Seuil, Paris, 5 tomes.

ARISTOTE, *La Politique*, Hermann, Paris, 1996.

BECKER G.S. [1980], « Privacy and malfeasance : a comment », *Journal of Legal Studies*, vol. 9, n° 4, p. 823-826.

BEIGNER B. [1995], « Vie privée et vie publique », *Légipresse*, n° 124, p. 67-74.

BENTHAM J. [1787], *Le Panoptique*, Belfond, Paris, 1977.

BLOUSTEIN E.J. [1964], « Privacy as an aspect of human dignity : an answer to Dean Prosser », *New York University Law Review*, vol. 39, p. 962-1007.

BOK S. [1982], *Secrets : On the Ethics of Concealment and Revelation*, Pantheon, New York.

BOYCE R.R., BROWN T.C., MCCLELLAND G.H., PETERSON G.L. et SCHULZE W.D. [1992], « An experimental examination of intrinsic values as a source of the WTA-WTP disparity », *American Economic Review*, vol. 82, n° 5, p. 1366-1373.

BULOW J., GEANAKOPLOS J. et KLEMPERER P. [1985], « Multimarket oligopoly : strategic substitutes and complements », *Journal of Political Economy*, vol. 93, n° 3, p. 488-511.

CALZOLARI G. et PAVAN A. [2006], « On the optimality of privacy in sequential contracting », *Journal of Economic Theory*, vol. 130, n° 1, p. 168-204.

CHRISTMAN J. [2001], « Liberalism, autonomy, and self-transformation », *Social Theory and Practice*, vol. 27, n° 2, p. 185-206.

CULNAN M.J. et BIES R.J. [2003], « Consumer privacy », *Journal of Social Issues*, vol. 59, n° 2, p. 323-342.

DECEW J.W. [1997], *In Pursuit of Privacy : Law, Ethics, and the Rise of Technology*, Cornell University Press, Ithaca.

— [2006], « Privacy », *in* ZALTA E. N. (dir.), *Stanford Encyclopedia of Philosophy*, plato. stanford. edu.

DEMEULENAERE P. [2002], « Les difficultés de la caractérisation de la notion de vie privée d'un point de vue sociologique », *in* TABATONI P. (dir.), *La Protection de la vie privée dans la société d'information*, PUF, Paris, tomes 3, 4 et 5, p. 199-206.

DÉTRAIGNE Y. et ESCOFFIER A.M. [2009], « La vie privée à l'heure des mémoires numériques. Pour une confiance renforcée entre citoyens et société de l'information », Rapport d'information Commission des lois, Sénat, n° 441.

EDELMAN B. [2009], « Adverse selection in online "trust" certificates », *Proceedings of the 2nd International Conference on Electronic Commerce (ICEC'09)*.

EPSTEIN R.A. [1980], « A taste for privacy ? Evolution and the emergence of a naturalistic ethic ? », *Journal of Legal Studies*, vol. 9, n° 4, p. 665-681.

ETZIONI A. [2005], « The limits of privacy », *in* COHEN A.I. et WELLMAN C.H. (dir.), *Contemporary Debates in Applied Ethics*, Blackwell Publishing, Malden.

FEINBERG J. [1989], « Autonomy », *in* CHRISTMAN J. (dir.), *The Inner Citadel : Essays on Individual Autonomy*, Oxford University Press, New York, p. 27-53.

FOUCAULT M. [1975], *Surveiller et Punir. Naissance de la prison*, Gallimard, Paris.

FRIED C. [1970], *An Anatomy of Values*, Harvard University Press, Cambridge.

FRIEDMAN D. [2000], « Privacy and technology », *Social Philosophy & Policy*, vol. 17, n° 2, p. 186-212.

GANTMAN N. et SPIEGEL Y. [2004], *Adware, Shareware, and Consumer Privacy*, NET Institute, document de travail n° 04-02.

GAVISON R. [1980], « Privacy and the limits of law », *Yale Law Journal*, vol. 89, n° 3, p. 421-471.

GELLMAN R. [2002], « Privacy, consumers, and costs. How the lack of privacy costs consumers and why business studies of privacy costs are biased and incomplete », en ligne : www.epic.org/reports/dmfprivacy.pdf.

GERSTEIN R. [1978], « Intimacy and privacy », *Ethics*, vol. 89, n° 1, p. 76-81.

GOULD J.P. [1980], « Privacy and the economics of information », *Journal of Legal Studies*, vol. 9, n° 4, p. 827-842.

GRANJON F. et DENOUEL J. [2010], « Exposition de soi et reconnaissance de singularités subjectives sur les sites de réseaux sociaux », *Sociologie* (à paraître).

HANN I.H., HUI K.L., LAI Y.L., LEE T.S. et PNG I.P.L. [2006], « Who gets spammed ? », *Communications of the ACM*, vol. 49, n° 10, p. 83-87.

HAHN R.W. [2001], « An assessment of the costs of proposed online privacy legislation », AEI-Brookings Joint Center for Regulatory Studies, Washington D.C., rapport.

HAHN R.W. et LAYNE-FARRAR A. [2001], *The Benefits and Costs of Online Privacy Legislation*, AEI-Brooking Joint Center for Regulatory Studies, document de travail n° 01-14.

HARDIN G. [1968], « The tragedy of the commons », *Science*, vol. 162, n° 3859, p. 1243-1248.

HERMALIN B.E. et KATZ M.L. [2004], « Sender or receiver : who should pay to exchange an electronic message ? », *Rand Journal of Economics*, vol. 35, n° 3, p. 423-447.

— [2006], « Privacy, property rights and efficiency : the economics of privacy as secrecy », *Quantitative Marketing and Economics*, vol. 4, n° 3, p. 209-239.

HIRSHLEIFER J. [1971], « The private and social value of information and the reward to inventive activity », *American Economics Review*, vol. 61, n° 4, p. 561-574.

— [1980], « Privacy : its origin, function, and future », *Journal of Legal Studies*, vol. 9, n° 4, p. 649-664.

HUI K.L. et PNG I.P.L. [2006], « The economics of privacy », *in* HENDERSHOTT T. (dir.), *Economics and Information Systems*, Elsevier, « Handbooks in Information Systems », Boston, vol. 1, chapitre IX.

HUI K.L., TEO H.H. et LEE T.S.Y. [2007], « The value of privacy assurance : an exploratory field experiment », *MIS Quarterly*, vol. 31, n° 1, p. 19-33.

JAMAL K., MAIER M. et SUNDER S. [2004], « Enforced standards versus evolution by general acceptance : a comparative study of e-commerce privacy disclosure and practice in the United States and the United Kingdom », *Journal of Accounting Research*, vol. 43, n° 1, p. 73-96.

KIRAT T. [1999], *Économie du droit*, La Découverte, « Repères », Paris.

KIRMAN A. et TESCHL M. [2004], « On the emergence of economic identity », *Revue de philosophique économique*, vol. 9, n° 1, p. 59-86.

KUPFER J. [1987], « Privacy, autonomy, and self-concept », *American Philosophical Quarterly*, vol. 24, n° 1, p. 81-89.

KYMLICKA W. [1997], « Do we need a liberal theory of minority rights ? Reply to Carens, Young, Parekh and Forst », *Constellations*, vol. 4, n° 1, p. 72-87.

LANCELOT-MILTGEN C. [2006], *Dévoilement de soi et réponses du consommateur face à une sollicitation de ses données personnelles : une application aux formulaires sur Internet*, thèse de doctorat, Université Paris-Dauphine.

LAUDON K.C. [1996], « Markets and privacy », *Communications of the ACM*, vol. 39, n° 9, p. 92-104.

LINSHAN H. et THIREAU I. [2005], « Liens personnels, expressions, repères d'identification », *Réseaux*, vol. 23, n° 133, p. 69-100.

LIU K. [2006], « Privacy preserving data mining bibliography », en ligne : www.csee.umbc.edu/~kunliu1/research/privacy_review.html.

LOCKE J. [1690], *Traité du gouvernement civil*, Garnier-Flammarion, Paris, 1984.

MACKINNON C. [1989], *Toward a Feminist Theory of the State*, Harvard University Press, Cambridge.

MEYERS D.T. [2000], « Intersectional identity and the authentic self : opposites attract », *in* MACKENZIE C. et STOLJAR N. (dir.), *Relational Autonomy*, Oxford University Press, p. 151-180.

MILL J.S. [1859], *De la Liberté*, Gallimard, Paris, 1990.

MILNE G.R., CULNAN M.J. et GREENE H. [2006], « A longitudinal assessment of online privacy notice readability », *Journal of Public Policy & Marketing*, vol. 25, n° 2, p. 238-249.

MOORE A. [2003], « Privacy : its meaning and value », *American Philosophical Quarterly*, vol. 40, n° 3, p. 215-227.

NOAM E.M. [1995], « Privacy in telecommunications : markets, rights, and regulations. Part 3 : Markets in privacy », *New Telecom Quarterly*, 4e trimestre, p. 51-60.

ODLYZKO A. [2003], « Privacy, economics, and price discrimination on the Internet », *in* SADEH N. (dir.), *Proceedings of the 5th International Conference on Electronic Commerce*, Pittsburgh, p. 355-366.

OLSON M. [1965], *The Logic of Collective Action : Public Goods and the Theory of Groups*, Harvard University Press, Cambridge.

PETTY R.D. [2000], « Marketing without consent : consumer choice and costs, privacy, and public policy », *Journal of Public Policy and Marketing*, vol. 19, n° 1, p. 42-53.

POSNER R.A. [1978a], « The right of privacy », *Georgia Law Review*, vol. 12, n° 3, p. 393-422.

— [1978b], « An economic theory of privacy », *Regulation*, mai-juin, p. 19-26.

— [1981], « The economics of privacy », *American Economic Review*, vol. 71, n° 2, p. 405-409.

— [1993], « Blackmail, privacy, and freedom of contract », *University of Pennsylvania Law Review*, vol. 141, n° 5, p. 1817-1847.

RACHELS J. [1975], « Why privacy is important », *Philosophy and Public Affairs*, vol. 4, n° 4, p. 323-333.

RALLET A. et ROCHELANDET F. [2010], « Exposition de soi et décloisonnement des espaces privés : les frontières de la vie privée à l'heure du numérique », *Terminal* (à paraître).

RUEBHAUSEN O.M. et BRIM G.O. [1965], « Privacy and behavioral research », *Columbia Law Review*, vol. 65, n° 7, p. 1184-1211.

Sackmann S., Strüker J. et Accorsi R. [2006], « Personalization in privacy-aware highly dynamic systems », *Communications of the ACM*, vol. 49, nº 9, p. 32-38.

Samuelson P. [2000], « Privacy as intellectual property ? », *Stanford Law Review*, vol. 52, nº 5, p. 1125-1173.

Sen A. [1985], « Goals, commitment, and identity », *Journal of Law, Economics & Organization*, vol. 1, nº 2, p. 341-355.

Schwartz P.M. [2004], « Property, privacy and personal data », *Harvard Law Review*, vol. 117, nº 7, p. 2056-2128.

Shavell S. [1993], « An economic analysis of threats and their illegality : blackmail, extortion, and robbery », *University of Pennsylvania Law Review*, vol. 141, nº 5, p. 1877-1903.

Simon H.A. [1971], « Designing organizations for an information-rich world », *in* Greenberger M., *Computers, Communication, and the Public Interest*, The Johns Hopkins Press, Baltimore.

Stigler G. J. [1980], « An introduction to privacy in economics and politics », *Journal of Legal Studies*, vol. 9, nº 4, p. 623-644.

Streitfeld D. [2000], « On the web, price tags blur », *Washington Post*, 27 septembre.

Swire P.P. [1997], « Markets, self-regulation and government in the protection of personal information », *Privacy and Self-Regulation in the Information Age*, U.S. Department of Commerce, Washington D.C.

Tabatoni P. [2000], « Vie privée et management de l'information », *Revue française de gestion*, nº 129, p. 108-116.

Tang Z., Hu Y. et Smith M.D. [2008], « Gaining trust through online privacy protection : self regulation, mandatory standards, or *caveat emptor* », *Journal of Management Information Systems*, vol. 24, nº 4, p. 152-173.

Taylor C.R. [2004a], « Consumer privacy and the market for customer information », *RAND Journal of Economics*, vol. 35, nº 4, p. 631-650.

— [2004b], « Privacy and information acquisition in competitive markets », texte non publié, Duke University, Durham.

Thomson J.J. [1975], « The right to privacy », *Philosophy and Public Affairs*, vol. 4, nº 4, p. 295-314.

Tocqueville A. de [1840], *De la Démocratie en Amérique*, Flammarion, Paris, 1961, tome 2.

Van Zandt T. [2004], « Information overload in a network of targeted communication », *RAND Journal of Economics*, vol. 35, nº 3, p. 542-560.

Varian H.R. [1989], « Price discrimination », *Handbook of Industrial Organization*, vol. 1, chap. x, Elsevier Science Publishers, Boston, p. 597-654.

— [1996], « Economic aspects of personal privacy », *in Privacy and Self-Regulation in the Information Age*, U.S. Department of Commerce, Washington D.C.

— [1997], *Versioning Information Goods*, University of California, Berkeley, document de travail.

Vila T., Greenstadt R. et Molnar D. [2003], « Why we cannot be bothered to read privacy policies : models of privacy economics as lemons market », *Proceedings of the 5th International Conference on*

Electronic Commerce, Pittsburgh, p. 403-407.

VILLAS-BOAS J.M. [2004], « Price cycles in markets with customer recognition », *RAND Journal of Economics*, vol. 35, n° 3, p. 486-501.

WARREN S. et BRANDEIS L. [1890], « The right to privacy », *Harvard Law Review*, vol. 4, n° 5, p. 193-220.

WATHIEU L. [2004], « Marketing and the privacy concern », Harvard Business School, document de travail.

WATTAL S., CHEN P.Y. et TELANG R. [2004], « On personalization technology adoption and information sharing in digital markets », Carnegie Mellon University, document de travail.

WESTIN A. [1967], *Privacy and Freedom*, Atheneum, New York.

— [2001], *Testimony before U.S. House of Representatives, Committee on Energy and Commerce*, Subcommittee on Commerce, Trade, and Consumer Protection, Hearing on *Opinion Surveys : What Consumers Have to Say about Information Privacy*.

Ressources en ligne

www.heinz.cmu.edu/~acquisti/economics-privacy.htm : une des pages les plus complètes sur la littérature économique sur la vie privée et les DP.

www.cl.cam.ac.uk/~rja14/econsec.html : la page de Ross Anderson sur l'économie de la sécurité.

people.ischool.berkeley.edu/~jensg/resources/e-privacy.html : une autre page plus générale sur la *e-privacy*.

petsymposium.org : un colloque de référence dans le domaine de la *privacy*.

weis.infosecon.net : un colloque de référence en économie de la sécurité.

home.aisnet.org : l'Association internationale des systèmes d'information (*cf.* page sur les conférences internationales).

epic.org : le site de l'Electronic Privacy Information Center, organisation états-unienne de *lobbying* pour le respect et le renforcement de la *privacy* (en particulier : « Online Guide to Privacy Resources »).

www.privacyinternational.org : l'ONG de la vie privée, *cf.* ses rapports annuels et sa carte géographique sur les sociétés de la surveillance dans le monde (*cf.* également privacy.org).

bigbrotherawards.eu.org : un palmarès annuel très engagé…

www.cnil.fr : le site de la Commission nationale de l'informatique et des libertés, nombreuses ressources sur la législation française, les décisions et rapports annuels de la CNIL, des dossiers complets sur des thèmes d'actualités, etc.

ec.europa.eu/privacy : la protection des données dans l'Union européenne.

www.justice.gov/opcl : la page *privacy* du département de la Justice états-unien.

www.ftc.gov/privacy : la page *privacy* du département du Commerce états-unien.

www.oecd.org : voir la page « Sécurité de l'information et protection de la vie privée ».

Table des matières